말도 안 되는

말도 안 되는

류정환 시집

고두미

□ 自序

  다시 8년이 훌쩍 지나갔다.
  쌀독 바닥을 긁듯 박박 긁고 탈탈 털어 담은 것이 되가웃 쯤, 도무지 구실을 못 할 것들 가려내고 보니 한줌 남짓 되나 보다. 그동안 삶의 흔적이라기엔 민망한데 핑계도 엄살도 마땅찮으니 딱한 노릇이다.

  보리밭에서 바람이 노니는 걸 본 적이 있다. 그때 보리밭은 황금빛으로 일렁거렸다.
  보리의 몸을 빌려 장난하던 바람이 때로 나를 찾아왔다. 그때마다 나는 보리처럼 몸을 내맡기지는 않을 거라고 장담했는데, 반은 농담이 되고 말았다.

  그 보리밭에서 놀던 것이 바람인지 보리인지, 다만 햇빛의 눈속임인지 나는 아직 모르겠다.

2020년 4월
류정환

말도
안 되는 차례

제1부

연을 날리며 _ 13
매미에게 _ 14
목련 답장 _ 15
문경새재는 웬 고갠가 _ 16
이십 년 _ 18
농담 반 _ 19
자전 _ 20
자화상 _ 22
그늘에 대하여 _ 24
창꽃 필 무렵 _ 26
고해성사 _ 27
코스모스 _ 28
안경을 벗으며 _ 29
문의에 가며 _ 30
장수 황씨전 _ 32
밥상에 물어보다 _ 33
염소처럼 _ 34
하루를 탕진하고 _ 36
흘리고 다닌 것들 _ 37

제2부

낙서 _ 41
봄편지 _ 42
목련 _ 44
꽃마중 _ 46
나비 생각 _ 47
생강나무 꽃 _ 48
안동 안 시인네 집 마당에 복수초 꽃 피었다고 _ 50
봄밤 _ 51
다시 봄 _ 52
ㄱ자 풍경 _ 54
그해 여름 _ 56
성하 유감 _ 58
구월 숲을 지나다 _ 60
위태롭고 따뜻하고 _ 62
금강 하구에서 _ 63
후일담 _ 64
반달 소포 _ 66
먼 길 _ 67
처서 _ 68
입동 _ 70
황혼 정경 _ 72

제3부

반달 __ 75
장령산 __ 76
냉이 캐기 __ 77
봄비 __ 78
괭이밥 이야기 __ 79
꽃밭에서 __ 80
벚꽃 세일 __ 81
예술제 __ 82
꽃잎 시절 __ 83
안동역에서 __ 84
배롱나무 할머니 __ 86
해바라기 __ 87
집성촌 __ 88
뼈해장국 __ 90
선지해장국 __ 91
우거지해장국 __ 92
콩나물해장국 __ 94
쉰다섯 아침에 __ 96
물집 __ 98
첫눈 __ 100
모친상 __ 101
그리운 안드로메다 __ 102

제4부

원죄 _ 107
속절없이, 속절없이 _ 108
아픈 곳 _ 110
은행나무의 초상 _ 112
바나나 _ 114
말도 안 되는 _ 116
벚꽃 단장 _ 118
수달 장어 먹듯이 _ 119
돼지들 _ 120
꼬라손 _ 122
강, 하고 불러보다 _ 124
용꿈 _ 125
라일락 의원 _ 126
홍어론 _ 127
사람 대접 _ 128
고사 _ 130
큰일 _ 131
사월 _ 132
사자빈신사지 _ 134

□ 발문
연규상 | 그는 흔들리며 가기로 했다 _ 136

제1부

연鳶을 날리며

누구일까?

저 아득히 높은 곳에서
나를 끌어당기는 이는.

가는 연실을 타고 건너오는
구름 같은 유년의 기억이여
바람 속에서 영롱했던 눈빛이여

그 오래된 응시는 오늘도 간절하여
손짓은 창공을 향해 팽팽하게 긴장하는데
발은 한사코 땅에 붙어
움직이지 않는 나는,

누구일까!

매미에게

장마 끝났다.
제대로 한번 울어보자.

너나 나나
짧고 무색한 일생,

눅눅했던 목청 가다듬고
오지게 한번 울어보자.

목련 답장

　보내신 편지, 길에서 받아 잠깐 읽었습니다. 늘 그랬듯이 백지뿐이라, 그 마음을 다 헤아리기 어려웠습니다. 실없는 당신, 혹시 몇 해 전 길에서 만났을 때를 회상하셨던가요?
　오셨느냐고, 더듬거리며 나는 겨우 물었지요. 지금 가는 길이라고, 당신의 대답은 담담했습니다. 더 있다 가지 않고 왜 벌써 가느냐고 나는 짐짓 떼를 썼지만, 당신은 발길을 되돌리는 법이 없지요.
　당신 있는 곳은 어떠합니까. 십중팔구는 사는 게 어디나 똑같다고 하실 테니, 묻는 내가 철부지일 뿐입니다. 여기는 다 시들합니다. 사는 게 그렇지 않습니까. 한곳에 오래 머물면 마침내는 비루하기 마련이지요.
　편지에서 구름 냄새가 났습니다. 아직도 너무 무겁다고 당신은 정색을 하시겠습니다만, 나같이 땅에 붙어사는 것도 있으니 말해 뭘 하겠습니까.

　대강 이런 뜻을 부치고 싶었으나
　부질없어 백지로 꽃이 집니다.

문경새재는 웬 고갠가

문경새재는 웬 고갠가, 아마 그게 궁금했을 거야.
굽이굽이 눈물 난다는 고개를 넘어
살고 싶어서, 어떻게든 살고 싶어서
같이 가보자고 떠난 지 벌써 열여덟 해.

예나 지금이나 세월은 꿈속만 같아서
알 듯 모를 듯 희미한 곳으로 끌려 다니기 일쑤지만
고갯길이 다 그렇지, 훤한 대로행이면 무슨 재민가,
혼자 가는 길이었다면 그만한 허풍도 못 떨어봤을 거야.

하늘과 구름, 햇살과 바람,
그리워했던 것들 가득한 길 위에 나서면
왜 늘 곰삭은 일상이 궁금해지는 걸까.

고갯마루 다 왔으니 쉬어 가면 어떠랴 싶어 주저앉은 동화원,
오미자막걸리에 도토리묵 한 접시 놓고 앉아
이놈들 학원은 갔다 왔나? 홍옥같이 예쁜 것들 생각하며 한잔,
우리, 괜찮았지? 서툴렀던 세월을 추억하며 한잔,

새재 단풍 따라 당신 얼굴도 발갛게 물들던 오후.

고개 너머에 별다른 세상이 없다 해도
다시 고갯길을 따라 내려가 처음으로 돌아간다 해도
도무지 부러울 것 없이 기꺼워서
이게 꿈은 아닌가, 잡은 손에 힘을 주어보던 시월 어느 날.

이십 년

당신이 내 팔을 베고 잠든 사이,
볼을 간질여도 모르고
아침 단잠에 취한 사이.

맘 편히 쉬는 날 없이 일하고
아이들 낳아 매끈하게 키우느라고
앙다문 이를 뽀득뽀득 가는 사이.

아빠보다 훌쩍 큰 아들과 엄마만 한 딸
그 철없는 것들을 매만지는 꿈을 꾸다가
시나브로 날이 새는 사이.

속절없이 깊어진 눈가의 주름살을 지나
참 앙증맞은 당신의 손,
거칠어진 손등을 가만히 쓰다듬는 사이.

농담 반

우수 경칩 다 지났네.
탐스런 함박눈 한번 못 보고
긴 겨울 다 갔네. 농담 반 진담 반으로
그가 중얼거리자 한 달포
뭔가 골똘히 생각하던 벚나무는
구름같이 꽃을 피워 올리더니
보란 듯이, 눈송이 같은 꽃잎을 흩뿌렸다.

훗날, 어느 겨울밤, 버찌같이
쓸데없이 시기만 한 아이들 다 떠나고
사방 적적한 그 겨울밤
하늘 가득 흩날리는 함박눈을 내다보며
꽃잎의 날들을 회상할 날 있으리.
저 벚나무도 그런 날 있으리.

자전自轉

또각또각, 집으로 돌아가는 발걸음들
그 닳고 단 뒤꿈치를 가려 주려고
저녁이 온다.

쳇바퀴라도 돌려야 하루를 견디겠다고
무심코 내뱉은 검은 말들을 덮어 주려고
시나브로 어둠은 쌓여서

저녁은 온다. 흙냄새를 안고 비바람이 건너오듯
지구 저편에서 사막을 건너는 낙타의 발소리,
단내 나는 숨소리가 들려 온다.

뭔가 목마른 것이 있어서
어딘가 닿고 싶은 곳이 있어서
아득한 저쪽을 바라보며
길 위에서 밤낮을 바꾸는 몸의 행렬.

하루를 다 되짚어보기도 전에 밤은 깊고
꿈을 다 꾸기도 전에 날은 다시 밝아서
지상의 꿈은 허구한 날 반 토막,

그 파김치가 된 그리움들을 위로하려고
또각또각 저녁은 온다.

자화상

작년 다르고 올 다르다는 말,
그 푸석푸석한 신음을 처음 들은 건 내가 아홉 살, 늦깎이로 학교에 발을 들이던 해였다.

허리에 담 붙고 무릎 아픈 데 특효라더라,
할아버지는 무슨 풀뿌리를 캐다가 소주에 담가 마시곤 하였다.
세월은 술의 약효를 긍정도 부정도 하지 않았다.
그저 십여 년을 두고 보다가 가망이 없어 보였는지
내가 군에서 제대하던 해 일거에 할아버지를 철거해 버렸다.

살던 집이 무너지자 세월은 이내 아버지에게 들러붙었다.
할아버지 제사를 모시듯 지성으로 세월을 봉양하는 동안
아버지는 이름도 모르는 알약을 한 움큼씩 삼키며 시나브로 고목枯木이 되어 갔다.
나무에 물기가 다 빠져나갈 때쯤 세월은 또 거처를 옮길 것이다.

작년 다르고 올 다르다는 말,
마흔 해를 몽땅 들어 바치고서야 비로소
그 속절없는 비명에 귀가 솔깃해졌다.

그늘에 대하여

그늘은 나의 운명, 나는
안나비 응달말*에서 태어났지.
울타리를 넘어온 아랫집 감나무, 그 푸진 그늘 속에서
끼니를 에우듯 감꽃을 세며 어린 시절을 때웠지.
세상은 양달과 응달로 나뉘었구나,
그늘은 스스로 넓어지는 세계가 아니구나, 그걸 그때 알았지.

헛간 같은 집을 버리고 도회지로 떠날 때
고향은 긴 산그늘을 한 보따리 싸서 들려 주었지.
삐죽삐죽 벼랑같이 솟은 아파트 숲에도 그늘은 깊어
햇볕이 궁할 때마다 그늘을 팔아 근근 목숨을 이어 가지.

그늘을 파는 일은 삼 대째 가업, 그걸 아는지
이 그늘 저 그늘 전전하며 사는 걸 속속들이 아는지
사장님 별고 없으시오, 안부를 물으며
사람들은 그늘그늘 웃지.

해도 달도 없이 그늘이 희미할 때,
내일 해가 또 다시 뜨려나

한 치 앞을 알 수 없어 갑갑할 때
나는 11월 바람처럼 미쳐 날뛰는데
그럴 때마다 그늘같이 저만큼 둘러서서
사람들은 그늘그늘 웃지.

그늘은 나의 운명, 달의 뒷면같이 알 듯 모를 듯한
목줄, 그 길이만큼 맴도는 가축마냥
되잖은 희로애락이 다 그늘 안의 일이지.

* 충북 보은군 탄부면 매화리 1구는 '나비'라고 불린다. 야트막한 고개를 사이에 두고 안나비와 바깥나비로 나뉘고, 안나비는 양달말과 응달말로 나뉜다.

창꽃 필 무렵

 그러니까 거기, 고향마을 뒷산 깊은 골 인적 드문 창꽃 숲에 들어가면 어릴 적 문둥이가 숨어 살았음 직한 움막이 하나 남아 있으리. 벌써 날이 저물었네, 짐짓 길 잃은 과객인 양 서성거리다 슬쩍 들어서면 지친 몸을 받아줄 삭은 거적도 한 닢 깔려 있으리. 그 뱀같이 냉랭한 굴속에 너부러져 나는 아무도 모르게 한 사나흘 앓았으면 싶은 것인데.
 홑이불도 한 장 없이 누워서 어디가 아픈 줄도, 밤인지 낮인지도 모르고 죽었는지 살았는지도 모른 채 속절없이 나는 앓으리. 창꽃처럼 열꽃이 피어 이마는 뜨겁고 식은땀에 젖은 손발은 꽃샘바람처럼 서늘하리. 물 한 모금 못 넘기고 신음도 한마디 내놓지 못하고 어미 잃은 강아지처럼 웅크리고 떨리는 몸을 견디느라 어금니를 앙다물어야 하리.
 그렇게 한 사나흘, 석 달 열흘같이 지독하게 앓다가 죽지 못하고 깨어나면 사랑도 노여움도 다 빠져나간 몸뚱어리는 새잎처럼 말갛고 머리는 홀연 백발이 되리. 일어나 앉지도 못하고 이승인지 저승인지 분간도 못 한 채 처음 말을 배우는 듯 엄마, 하고 소리도 없이 입을 겨우 움직여 볼 때 어딘가 깊은 곳에서 뜨거운 것이 북받쳐 한 줄기 눈물을 쏟으리.

＊창꽃 : 진달래를 이르는 충청도 방언.

고해성사

자수하는 죄인처럼 2년마다 찾아가는 건강검진센터,
그 문턱도 없는 문이 나는 무섭다.
안이 훤히 들여다보이는, 어쩌면 지옥문이 될지도 모르는
유리문을 들어서자마자 이미 내 신상을 다 꿰고
기다렸다는 듯이 반겨 맞는 여자들이 사천왕 같아서
나는 불알이 바짝 쪼그라들었다.

피 뽑고 소변 바치고 위내시경 하고 X레이 찍고……,
검진표 들고 부위별로 몸의 고해성사를 하는 동안
하루걸러 술 마신 일이며 그때마다 끊었던 담배를 한 모금씩 빨아본 일,
혀가 빠지게 매운 짬뽕을 일삼아 먹으러 다닌 일들을
신통하게도 알아채면 어쩌나 하고 가슴을 졸였다.

내 몸을 속속들이 훑어본 의사는
이 정도의 염증은 다 있는 거라며 선심 쓰듯 죄를 사하여 주었다.
아직은 쓸 만하다는, 밥을 더 먹어도 된다는 소리구나!
나는 건방을 떨며 문을 나서 또 죄를 지으러 가는 것이다.

코스모스

까만 씨앗 한 광주리씩 머리에 이고
코스모스 줄지어 간다.
몸도 단단해지고 얼굴도 진중해졌다.
여름내 흔들리더니
얻은 게 제법 많은 모양이다.

흔들림이 큰 공부인 줄은 안다마는
그래도 제발, 그게 가장 쉬웠다는 말은 하지 마라.
오십 년을 흔들리고도 철 안 드는 사람도 있으니까.

그래서 체면 불구하고 씨앗 한줌 빌려 간다.
내 몸 하나 묻을 땅은 없지만
마음속 어디라도 한번 심어 보려고.

안경을 벗으며

안경을 말갛게 닦아 쓰고 보니
손목의 시계가 잘 안 보인다.

이런 증상을 근시라고 하나 원시라고 하나
아내와 괜한 말씨름을 하다가

나이 오십 갓 넘기고
이게 무슨 꼴인가 싶은데

멀리 보고 살기는 틀렸으니
눈앞이나 잘 살피고 다니라는 뜻인가

안경을 벗어 두고 나서며 생각하니
이젠 흐릿한 세상 탓하기도 틀렸네.

문의에 가며

한국병원 앞 시내버스 정류장에 앉아
나는 버스를 기다린다네.
양성산주養性山主 김 화백이 술상을 봐놓고 불러서
휴일 낮잠을 자다가 나온 길이라네.

한 뼘쯤 남은 해는 꿈결같이 아늑한데
버스보다 먼저 도착한 바람은
기척을 요란히도 하고는 서둘러 떠나고
나는 우두커니 앉아 버스를 기다린다네.

오, 이것은
이승의 풍경이라네.

어젯밤 술기운이 남아 머리가 무겁고
저녁이 온다고 부르는 소리가 있고
긴 그림자가 분명하고
무작정 기다리는 벗이 있고

그러므로 여기는 갈데없는 이승이라
노을같이, 노을같이 버스는 더디고

술잔은 삼십 리 허 산 아래서 식어 가도
나는 정류장에 앉아 미리 취한다네.

장수 황씨전長水黃氏傳

  한 하늘 아래 만난 적이 없으므로 나는 그 삶의 전후를 알지 못한다.
  그녀의 흔적을 처음 접한 것은 제상祭床에서였다. 유인장수황씨儒人長水黃氏, 전하여 듣기로 내 선조의 두 부인 중 후실이라 하였다. 짐작건대 이름도 없이 아비의 성씨만 겨우 빌려서 일생을 견딘 것이 분명하다. 한미한 집안의 향사享祀일망정 때마다 메를 떠놓는 어른이건만 족보를 떠들어보고 호적을 뒤적여 봐도 일자일획 행장의 근거를 찾을 수 없으니 망극한 일이다.
  임진년 삼월에 당신의 유택을 열고 한줌 유골을 수습하여 고개 너머 지아비 묘소에 흩뿌렸다. 무심한 세월에 스러져 바짝 엎드린 지붕이라고는 해도 한 사람의 자취를 아주 없이하고서 어찌 감회가 없겠는가. 인사를 저버리기 어려워 여러 날 심란하던 중에 외람되이 한 줄 글을 남겨서 모정母情을 기린다.

밥상에 물어보다

가구점을 하던 그이가 죽었다는 소식을 그제 들었거니
오늘이 발인인가, 어젯밤 문상 다녀온 것도 희미한데
갓 오십 된 사람의 일이 남일 같지 않아
아침을 먹으며 목이 멘다.

그이가 들여놔준 식탁에 밥상을 차리고
잠기운에 눈을 못 뜨는 아들놈과
벌써 머리감고 새침하게 앉은 사춘기 딸애,
어린 상주喪主의 엄마와 동창인 아내,
네 식구 둘러앉아 지겹고도 고마운 아침밥을 먹다가

며칠 전 돌아간 생일날 끓인 미역국을 데워
한 숟갈 떠 넣는데
제기랄, 목이 멘다.

열다섯 되는 아들 하나, 그야말로 처자妻子를 남겨두고
서둘러 일생을 마친 그이가 못다 누린 날들을 살아 내려면
이 밥을 먹고 더 강해져야 하는가.
아니면 더 부드러워져야 하는가.

염소처럼

간밤엔 오랜만에 하늘을 나는 꿈을 꾸었다. 구름을 탔나 했더니 돈방석에 올라앉아 있었다. 쿠바에 한번 가보고 싶었는데 소원을 푸는 모양이었다. 동쪽으로 가야 할 것 같은데 가기는 서쪽으로 가는 느낌이었다. 혼자 내심 불안했지만 지구는 둥그니까 계속 가면 도착은 하겠지 생각했다. 으슬으슬 추워서 옷깃을 여미는 순간 홀연 바닥이 꺼져 버리며 몸이 속절없이 추락했다. 꼼짝없이 어느 바다에 빠져 죽는 줄 알았는데 눈을 떠보니 너른 풀밭이었다. 복숭아꽃이 한창인 마을에서 사람들이 우르르 몰려나왔다. 여기가 어디냐고 물었더니 수염 좋은 한 노인이 말했다. "이제 돌아왔나? 적이 늙었네. 나간 지 한 삼백 년 됐으니 그럴 만도 하지. 자네 살던 집은 그대로 있네." 하고 웃으며 저쪽 집을 가리켰다. 저게 내 집이라니, 뭔가 잘못 됐다고 중얼거리고 섰노라니 내 손을 잡으며 "여기가 집 맞아요." 하는 여인의 말소리가 들렸다. 놀라서 돌아보며 잠에서 깨었는데, 정말 집이었다.

아침에 일어나 입고 잔 바지 주머니를 뒤져보니 엊저녁에 막걸리 사고 받은 거스름돈 이천 원이 나왔다. 어쩌다가 한 오만 원쯤 깔고 잤으면 아마도 멀리 인도양이나 타클라마칸 사막 어디쯤에 떨어져 길을 잃고 말았을 텐데 생각하니, 말뚝을 맴도는 삶이 구름같이 포근하고 쓸쓸하여 염소처럼 길게 한번 울고 싶었다.

하루를 탕진하고

밤새 눈 왔다고, 딴 세상 만났다고
들떠서 뒷산에 들어 헤매었네.

큼직해 보이던 발자국, 제법 그럴듯해 보이던 풍경
다 내 것인 양 한껏 뿌듯했는데

하산 길엔 감쪽같이 간 곳이 없었네.
눈을 씻고 다시 봐도 헛일이었네.

오후 한나절 햇살에
자취도 없이 스러지는

그 덧없고 무정한 것을 좋아라고 좇다가
하루를 탕진하고 돌아가는 길

눈치 없이 낮달은 일찍 나와
따라오며 끌끌 혀를 차는데

노을이 한바탕 붉어서
멋쩍은 얼굴을 덮어주었네.

흘리고 다닌 것들

나이 겨우 오십 중반인데
뭘 자꾸 흘린다.

반찬을 집어 먹다가도 흘리고
물을 마시다가도 흘리고
할 말은 아니지만, 더러는
오줌 누다가도 찔끔찔끔 흘린다.

그러고 보니 애늙은이 짓 삼십 년
이것저것 흘리고 다닌 게 전부라!

청춘은 흩날리는 꽃잎이라 흰소리를 하며
아까운 줄 모르고 흘리고 다녔지.
풍성하던 머리카락도 알게 모르게 다 흘리고
그 밝던 눈도 속없이 **빼**앗겨서 본데없이 눈앞은 어둡고
귓속에는 사철 매미가 들어앉아 산 지 오래,
 여기저기 술값을 흘리고 다니느라 알량한 주머니 그나마도 비고
 야무졌던 꿈은 다 어디다 흘려버렸는지 가슴도 헐렁하고
아, 부질없이 흘리고 다닌 말이며 글들은 또 어쩔 것인가!

>
가뭇없이 흘리고 다닌 것들
저기 어디쯤 저무는 길가에서
오도 가도 못하고 울고 서 있을 텐데
속절없구나, 빈 허물같이 낡은 사내여
이제 그것들을 위해 펑펑 흘릴 만한 것이
오랫동안 참아온 눈물뿐이니!

제2부

낙서

가을도 다 지난 무심천 물가에
두루미 섰던 자국 여남은 어지럽다.

물결도 씻어내지 못한 연명延命의 흔적,
발걸음 멈추고 읽어볼까 하다가

발로 쓴 낙서를 들여다봐야 아나
나 왔다 간다 하였겠지.

무심한 듯 돌아섰으나
멀어질수록 또렷해지는 상형문자 한 구절.

봄편지

봄이 오면, 오래 움츠렸던 마음이여
산에 들에 아질아질 현기증 이는 봄이 오면
편지라도 한 장 쓰자. 한 글자씩 또박또박
지워지지 않는 손편지를 쓰자.

목련같이 진달래같이 개나리같이
희고 붉고 노란 편지지를 펼쳐놓고
버들잎 펜촉으로 쑥빛 잉크를 찍어 쓰자.

유난히 추웠던 지난겨울 이야기에 덧붙여
그러나 너를 잊지 않아서 그 혹독함을 견디었노라 쓰고
누구나 하나쯤 깊이 넣어둔 씨앗 같은
희망을 꺼내어 닦고 있노라 쓰고
이젠 기다리지 않고 마중을 나가겠노라 쓰자.

아버지 같은 느티나무에게 쓰고
형님 같은 굴참나무에게 쓰고
조팝나무, 민들레, 냉이꽃, 채송화 동생들에게 쓰고
심지心志가 쉬 약해지는 나에게도 쓰자.

팔랑거리는 나비 편에
붕붕거리는 꿀벌 편에
졸졸 흐르는 시냇물 편에
느릿느릿 떠가는 흰구름 편에

마음이여, 올봄엔
꼭 손편지 한 장씩 써서 부치자.

목련

웬일인가, 올 봄엔
목련이 꽃으로 보인다.

너 연꽃이었구나!

미안하다. 흰 새인 줄 알고
날아오르지 못하는 걸 답답해했던 날들
옛 사람들은 붓이라고 했다는데*
굳이 편지라고 우기며
마침표도 없는 답장을 쓰고 어디든 부치고 싶었던 날들

그 떠도는 마음을 따라 여기까지 왔으니
기꺼울 것도 아주 싫을 것도 없었으나
대개 울퉁불퉁 거친 길이었다.

하늘 향해 주먹질을 해 대며
일삼아 취하고 설익은 노래를 읊조리던
그 날들이 봄인 줄 철석같이 믿었더니
눈을 씻고 다시 봐도 틀림없는 꽃잎, 꽃잎을 들고서
이제야 봄인가, 중얼거려 본다만

\>
　그러나 늘 대답 없는 꽃이여
　그때 거기가 궁금해지거나
　지금 여기를 의심하는 저녁
　언제고 잠깐인들 또 없겠는가.

　* 목련의 꽃봉오리가 붓 모양과 같다 하여 '목필화'라고 불렀다. 조선 초기 학자 서거정의 시문집인 『四佳集』에 「詠木筆花」라는 시가 보인다.

꽃마중

얼음이 풀린다는 우수雨水 무렵이면
우리 집 매화나무는 몸살을 앓는 거라.
꽃이 어디쯤 오시나, 문을 열고 나가보고 싶어서
어깨며 겨드랑이에 온통 붉은 반점이 돋고
들어보라고, 멀리 나귀 발소리가 들린다고 성화를 해대는 거라.
그렇게 귀를 쫑긋 세우고 며칠 조바심을 하다가
한껏 부푼 기다림이 못 견디고 그만 터져버릴 때
희한하지, 꼭 그 순간에 꽃은 도착하는 거라.
그래봐야 서로 할 말도 잊고 잠깐 바라보면 그만이라
그럴 줄 알았다는 듯 빙긋이 웃고 마는 품이
'작년에 왔던 거기네!' 하는 눈치인 거라.

나비* 생각

오늘이 우수雨水인가, 했더니 어느새
베란다 분매盆梅 꽃잎 활짝 열고
가지마다 속닥속닥
나비 떼같이 앉아 있다.

한 해 동안 어딜 떠돌다가
기별도 없이 불쑥 들러 가는
저 나비들

바람도 없이 오느라 애썼다.
먼 길에 봇짐 줄이느라
지닌 향기도 적구나.
홍조 띤 얼굴 눈치를 보니
이렇다 할 고향소식도 없을 테지.

빈손 민망할 거 없다.
봄인 걸 알았으면 됐으니!

*나비 : 충북 보은군 탄부면 매화리 자연부락 이름.

생강나무 꽃
― 이문희에게

여기 언제 와 본 거 같은데…….
여자 애들도 있고, 초등학교 친구들이랑
같이 갔던 산이 어디지? 문장대 말고…….

도명산 가는 길
화양계곡華陽溪谷을 따라 걸으며
그대는 자꾸 묻는데

천왕봉인가 묘봉인가 기억이 뒤섞이고
재작년인지 그 몇 년 전인지
생각할수록 아련하다.

생강나무 꽃처럼 그렇고 그런 날들,
알싸한 우리의 추억은
늘 저만큼 서서 손짓하지.

철없는 그 녀석들같이 우당탕탕
어디로 가는 줄도 모르고
저 물은 거침없이 흘러가는데

모처럼 어깨를 나란히 하고
상류로 거슬러 오르며 무심코 꺼내 보는
샛노란 화양연화花樣年華.

안동 안 시인네 집 마당에 복수초 꽃 피었다고

복수초 꽃 피었다고, 집 마당에
노랑 꽃잎 배 한 척이 정박했다고
밤새 소리도 없이 닻을 내렸다고
손님을 두고 나갈 수가 없어서
나들이도 못 하고 서로 바라보고 있다고

사진 한 장으로 띄운 소식을 접하니
그립고 궁금한 마음 꽃처럼 피어나데.

- 저런 게 어디서 왔을까요?
- 오긴 어디서 왔겠노, 땅에서 솟았지!

꽃은 사흘 밤낮 말이 없을 게 뻔하고
시인이 투박하게 한마디 하고 말 테지.

- 뭘 싣고 왔을까요?
- 모올라, 봄이나 내려놓고 갈라나.

봄밤

 관리사무소에서 알려드립니다. 어젯밤, 105동 앞에 피었던 매화가 없어졌습니다. 꽃은 단지 내 모든 분들이 함께 보는 공유재산입니다. 삼일 내로 돌려놓지 않을 경우 CCTV 영상 확인 후 법적 조치할 예정이니 성숙한 시민의식으로 주민 간 불상사가 없도록 해주시기 바랍니다. 혹시 꽃의 행방을 목격했거나 보호하고 계신 분은 경비실이나 901호 이춘자 할머니께 연락 바랍니다.

다시 봄

봄, 이라고 써놓고
본다.

글자도 나를
본다.

봄이다!
봄이 아니면
이걸 무어라 읽을 것인가.

다시 봄, 이라고 쓰고 보니
들린다.

얼음이 풀리고 물 흐르는 소리,
갈 길이 먼데 너무 지체했다고
툴툴거리는 소리

지지고 볶고 지지고 볶고
집 짓고 알 낳고
다시 살아 보자고 떠드는 새소리

왁자지껄 오지게 사는 그 꼴을 보려고
대견한 삶에 낙관落款을 찍어주려고
꽃들이 다투어 피는 소리

훤히 보인다, 그러니 봄이 아니면
이걸 무어라 읽을 것인가.

ㄱ자 풍경

백발 노파 한 그루 걸어간다.
봄빛 나른한 골목길에 고목枯木같이

다시는 푸른 잎을 달지 못할 것 같은 몸
종종걸음이 급하고도 느릿하다.

끄응 허리를 펴고 휘 한번 둘러본다.
걸어온 길과 남은 길이 거기서 거기

어쩌다 여기까지 왔나
소스라치게 놀라던 날들, 그런 날들이

있었지, 크게 숨을 내쉬고는
이내 허리를 ㄱ자로 접어서

화살표처럼 머리를 앞세우고
간다, 봄날처럼 짧은 일생

돌아갈란다, 기어이 돌아갈란다
굴뚝같은 마음은 꽃으로 피어도

>
　　못 본 척 꺾어두고 떼놓는 발걸음
　　기우뚱기우뚱 단호하고 쓸쓸하고

그해 여름

삼복염천三伏炎天에 심심풀이 산책을 나섰다가
동네 버스정류장에 우두커니 앉아 바람을 기다렸네.

목화송이같이 그린 듯 떠 있는 뭉게구름 아래
지상엔 온통 매미 울음소리 흥건한데
쉴 새 없이 흐르는 땀방울을 씻어내자니
이름 석 자 쓸 줄 알면 족하다는 글을 일삼아 읽고
그저 그런 노래나 읊조리며 살아온 송 생원*의 삶이 적이 미안하건만
어디 숨을 곳도 마땅찮게 청명한 날, 버스도 아니 오고
저 거북이 모양 구름이라도 불러 타고 휑하니 떠나고 싶었네.

강 건너 일 나간 아내에게 가 기웃거리다가
더위를 피해 산속에 숨은 친구를 불쑥 찾아갔다가
길도 설고 사람도 낯선 고향 괜히 한번 둘러보고
어느 해 여름 하룻밤 묵었던 남쪽 바닷가 마을에도 가보고
에루화, 나선 김에 며칠 더 걸리더라도
일찍 죽은 엄마도 찾아가 먼발치에서 바라보고
돌아올 생각도 잊은 채 느릿느릿 돌아다니다가

저녁 하늘가에 구름과 함께 흩어지는 것도 좋겠고
밤을 기다려 이 별 저 별 다니며 오줌 누는 재미도 오달질 것 같은데

그렇게 한참 안 보이면
동네사람들이 전화에 문자에 소동을 벌이며 찾기도 할라나
백 년 전에 구름 보러 간다고 나갔다는데 지금까지 종적을 모른다는
이야기 한 토막, 한미한 집안에 전해지기도 할라나

홀로 실없는 중에 일어설 마음도 잊은 채
넌 하늘 끝을 아쉼없이 바라보았네.

*송 생원 : 집안일을 돌보지 않고 글공부만 하는 사람을 놀림조로 이르는 말로 '글에 미친 송 생원'이란 속담이 있다.

성하 유감盛夏有感

가만 보자, 오늘이 칠월 며칠인가
고개 들어 하늘을 쳐다보고
멈춘 듯 흘러가는 구름을 읽듯이
달력 위의 날짜를 짚어본 것이 언제인가.

발걸음마다 꽃 피고 지던 날들,
이런 순간이 또 있을까, 기꺼워하며 눈부심을 뽐내던 신록의 날들이
저기 어디쯤인가 있었지.
머리에 장미 꽃잎을 얹은 생크림같이
향기롭고 달콤하던 날들은 지나가고

그러니까 오늘이 며칠이더라, 손꼽아본 일 아득해도
플라타너스, 마로니에, 가로수 푸른 꿈이 파도처럼 일렁이는 날,
시재시재時乎時乎 — 축배의 노래 속에 너풀너풀 춤추며
거칠 것 없는 성하盛夏의 세월.

이글거리던 정오正午 폭염도 잊고
대자리에 누워 더위를 속이고 나를 속이는 것도 잠깐,

짧은 여름밤이 깜빡 지나간 후에는
속절없이 호시절을 되짚어보는 날들이 닥칠 터인데

이렇게 한잠 자고 나면
가만 보자, 내일은 며칟날이 되는가.

구월 숲을 지나다

그날 나는, 그러면 안 되는 줄 알면서 혼자 숲에 들어갔네.
구월도 다 지나 시월로 건너가는 길이었네.
바흐, 바이올린과 쳄발로를 위한 소나타를 들으며
천천히 아주 느릿느릿 걸었네.

동행이 없는 걸 귀신같이 알고 자객들이 도착했네.
움직이는 낌새로 보아 일고여덟쯤,
놈들은 나무 그림자 속에 숨어 조심조심 이동하지만
아까부터 뒤를 따라오는 걸 나는 이미 알고 있었네.
그러나 나는 절대 뒤를 돌아보지 않았네.

늘 그랬듯이 놈들은 쉽게 덤벼들지 못했네.
절체절명의 기회를 포착하지 못하면,
나의 허점을 정확히 노리지 않는다면
 뜻을 이루지도 못할뿐더러 자신들의 목숨이 낙엽처럼 떨어지고 말 걸
 놈들도 잘 알고 있었네. 아마 내가 뒤를 돌아보았다면
 한바탕 큰 싸움을 피할 수 없었을 것이네.

 놈들은 바람을 일으켜 나뭇잎을 흔들거나

굴참나무 열매 떨어지는 소리를 내기도 하고
못 보던 새나 다람쥐를 보내 내 주의를 흩어보려고 했지만,
어림도 없는 일, 나는 결코 돌아보지 않았네.

올해도 틀렸다, 표창 하나 날리지 못한 채
길이 끝나는 곳에서 놈들은 물러가고
비로소 돌아서 저만큼 지나온 숲을 바라보면서
나는 등이 흠씬 젖은 걸 알았네.

위태롭고 따뜻하고

 그러니까 그게 작년 추석 밑인가, 난리 통이었지. 자동차들이 경주마같이 앞 다퉈 몰려가는 길에 노인 하나가 스쿠터를 타고 둥실둥실 떠가는 거라. 허름한 점퍼를 입고 비슷한 점퍼를 입은 노파를 뒤에 태우고 휘청휘청 앞서 가는 거라. 뒤따라가며 보자니 참 답답하지. 그 맘 다 안다는 듯 '빨리 못 가서 죄송합니다.' 턱 써서 매단 거라. 세상의 흐름에 항복한다는 선언문 같은 것, 그 광속狂速의 행렬에서 밀려난 주제일망정 도달해야 할 곳이 있으니 부득이 나선 길이라. 붉은 신호등은 때때로 길을 막고 홀몸도 위태로운 처지로 할멈까지 실은 행색을 노려보지만, 여기까지 온 길이 그러했듯이 누가 뭐래도 끝내 내가 너를 데리고 가마, 이를 악물고 약속을 지키겠다는 듯 길이 열릴 때마다 기우뚱 떠나가는 일엽편주가 참 흐뭇해서 몸이 더워오는 거라.

금강 하구에서

갈대는 바람의 손길을 빌려
나 여기 있다, 온몸을 흔들며 아우성치고
바다는 햇살의 안경을 빌려
깊이를 알 수 없는 삶의 비늘을 반짝이는데

무서운 줄도 모르고 천릿길 나선 것이 언제였던가.
그 후로 단 한 번도 이곳을 꿈꾼 적 없었으나
오늘 여기 와서 강물같이 뒤척인다.
길 위의 날들은 그날이 그날,
남들 하는 대로 떠밀려 흘러온 생애일지라도
문득 거룩하구나, 금강 하구에서

이제는 다른 삶을 살아야 할 때,
먼 길에 지친 몸을 내던지는 강물을 받아주려고
마주 내달으며 어푸어푸 숨을 몰아쉬는 밀물의 탄식,
그게 무슨 소린가, 갸웃거리며 돌아서는 노인을 향해
물결은 중얼중얼 혼잣말을 되뇐다.
사는 게 뭐냐고 물어 뭘 하나, 굳이 물어 뭘 하나…….

후일담

 2018년 8월 22일, 청주민예총을 방문한 중국서화원 서예 교류단 일행과 괴산 화양동에 가서 점심으로 토종닭 백숙을 먹고 온 그날, 오후 4시에 청주예술의전당 전시실에서 열린 위천 이동원 개인전 오픈식을 보고 나오니 저녁때가 되었다. 7시에 충북민예총 민다방에서는 김승환·김기현 선생이 예술을 주제로 토론을 벌이고, 같은 시각 성안길 철당간 앞 우리문고에서는 김성장 시인이 저서 『아무러치도 않고 예쁠 것도 없는』을 들고 독자들과 만남의 자리를 가질 예정인데. 어느 쪽을 가도 후회하지 않을 것이고, 양쪽을 동시에 갈 수는 없으니 어느 쪽을 가도 후회하게 될 형편이었다. 서점에는 정지용 시인의 손녀 수영 씨가 특별손님으로 온다는데, 그쪽으로 기울었으나 마음뿐. 실은 다른 이들과 번개 약속을 해둔 터였으므로, 나는 수업을 빼먹고 딴 짓하러 가는 학생처럼 은밀하게 용암동 전집으로 향했다. 그 자리엔 소설가 김선영과 동화작가 오미경, 문학평론가 정민, 시인 김영범, 소리꾼 조애란이 모여 앉았다. 자칭 구라당 당원들은 모둠전에 소주를 홀짝거리며 저마다 그간 있었던 일과 작업 근황을 일러바치느라 한참 수다를 떨었다. 먹태 맛이 예술이라고 소문난 선술집으로 옮겨 앉아 맥주를 마시며 가을에 남해에 놀러 갈 궁리를 하느라 밤이 늦

웃고 떠드는 동안 땡땡이 부리는 죄책감도 쾌감도 시나브로 스러지고, 예술도 잊고 옛 시인도 잊고 모처럼 기꺼웠던 여름밤. 함박꽃같이 차오른 달이 못 본 척 세상을 내려다보던······.

반달 소포

어젯밤 산책길에 달이 좋기에
조금 덜어서 보냅니다.
크고 작은 것은 마음에 달린 것이니
부디 소납笑納하시어
창가에 두고 잠깐 보소서.

먼 길
— 만우 스님께

하늘을 건너가는 길은
멀고도 멀어서
하룻밤 산중에 깃들어 이슬을 피한 새들
또 길 떠날 채비로 종종거리는
동막골 경원사.*

글을 쓰던 처녀가 굶어 죽었다는
마을 쪽 일이 그새 궁금하여
겨울 아침 잔설에 서성서성 발은 시린데

하루 더 머물다 갈까
철없는 게으름은 끝이 없어도
한 생애 저물도록 가야 하는 길은
하 멀고도 멀어서

*경원사 : 충남 연기군 전동면 청람리 동막골에 있는 절.

처서處暑

꽃피던 날들이 언제였던가,
뜨겁던 여름날도 어느새 다 지나갔구나,
바람이 벌써 어제하고 다르네, 중얼거리며
쓸쓸한 기운을 털어내는 아침
놀랍게도, 밥상머리에 앉은 아들이 대꾸를 한다.

"오늘이 처서잖아요."
"니가 처서를 다 알아?"
"모기 입이 돌아간다는……."

올여름엔 구경도 못 한 모기까지 들먹이다니
제법이다, 땅에선 귀뚜라미 등에 업혀 오고
하늘에선 뭉게구름 타고 온다더니
올해 처서는 갓 스무 살 지난
아들의 말끝에 묻어서 왔다.

좋은 날이다, 꽃피는 시절은 지나간 게 아니라
아들놈 얼굴로 옮겨간 거로구나!
입춘, 청명, 하지, 처서, 모든 날들은
한 밥상에 뒤엉켜 있는 거로구나!

\>

    천기天氣가 크게 바뀌는 때,
    쉰다섯의 또 한 절기를 돌아가며
    여름의 뒷모습처럼 꽁지가 허전한 중에도
    기꺼운 미소가 조용히 피어나는 아침.

입동入冬

내 그림자를 어디 두었을까,
두리번거리며 흰 구름 서쪽 하늘가에 떠도는 오후
나지막한 영운동 고개를 넘었지.
무료하게 어슬렁거리는 고양이같이
길 잃은 구름의 그림자같이

맞벌이 부부 봄부터 바쁘더니
까치집은 비었더라.
바람도 찾지 않는 폐가 앞마당에
망초는 선 채로 육탈을 마치었더라.

고개 아래는 금천동,
용암, 용정, 용담……, 길은 잇대어
언제나 세상 끝을 향하지, 아마도 전생에 살았던 곳
그러니 여기 또한 세상의 끝,
고갯마루에 몸을 두고 홀연히 초록은 떠나고

마른 풀을 쓰다듬으며 중얼거리는 희망이란
얼마나 가벼운 것이냐, 바르르 떠는 검불처럼
낡은 옷을 허물 벗듯 벗어 놓고

희미한 그림자도 잊고
구름 따라 흩어지고 싶던 날이었지.

＊영운, 금천, 용암, 용정, 용담은 청주의 동 이름.

황혼 정경

커피 향기가 몸을 낮추고 그리운 사람을 찾아 나서는 저녁이 오면, 그대의 좁은 어깨 너머로 해 지는 일이 아무도 눈여겨보지 않는 사소한 일상일지라도 그 풍경 속에 한번쯤 가로수로 서서 휑한 여백을 채워주고 싶은 저녁이 오면, 수줍음 많은 그대가 등을 기대오진 않더라도 내 그림자가 긴 한숨을 가려줄 순 있으리라 믿고 싶은 저녁이 오면, 손 내밀어 만질 수 없어도 허연 귀밑머리까지 눈길 닿는 곳마다 꽃이 피는 저녁이 오면, 허름한 밥집에서 맛나게 끓는 찌개를 사이에 두고 마주 앉아 웃음 짓는 연인이 몹시도 부러운 저녁이 오면, 사랑아 어디든 가서 닿기만 해라* ― 늙은 시인의 노래를 읊조리며 그대를 배웅할 일을 미리 염려하는 저녁이 오면, 끝내 소리 내어 불러보지 못한다 해도 기꺼이 달은 떠서 그대의 뒷모습을 따라가며 비춰 주리라 위로하고 싶은 저녁이 오면!

*문효치 시 「사랑아 어디든 가서」에서 인용.

제3부

반달

이게 얼마만이냐고
웬일로 얼굴이 반쪽이 됐냐고

반달을 보고 반색을 했더니
창백한 얼굴을 들이대며 되묻는다.

지난날 굳은 약속을 할 때마다
반으로 나누어 간직한 신표信標

어디 두었느냐고.
다 어디 두었느냐고.

장령산長靈山*

인적 없는 산중에 안개도 가득하여
먼 곳 자취를 지우니 세상이 고요하다.

꿈속같이 눈은 나리어
나뭇가지마다 매화인 양 꽃이 피는데

백두옹白頭翁은 어느 구름에 몸을 숨겼나
새해 아침부터 붓을 들어 설경을 그리노니

이 길이 아까 지나간 길인가,
그림 속에 나도 서서 두리번거리다.

*장령산 : 충북 옥천군 군서면에 위치한 산.

냉이 캐기

냉이 캐기 정말 힘들다.
호미 들고 어슬렁어슬렁
냉이가 다 어디 갔나 하고 돌아다니면
냉이는 일부러 숨은 것처럼 눈에 잘 안 띈다.
허리를 굽혀 땅에 코를 박고 인사하듯 봐야
누가 날 찾아 하고 묻는 듯
꾀죄죄한 얼굴을 불쑥 내민다.

추운 겨울 견디느라고
이렇게 오그리고 땅바닥에 딱 붙었나 보다.
잎은 쪼그만데 뿌리는 길다.
바람 불고 눈 오고 흙이 꽁꽁 어니까
땅속으로 자꾸 들어가 보느라고
뿌리가 이렇게 길어졌나 보다.

겨우내 움츠렸던 사람들도
다시 힘을 내서 질기게 살아 보려고
코끝이 찡한 냉이를 찾아 헤매나 보다.

봄비

발바닥을 적시지 않으려는 듯
걸어가는 고양이같이
사뿐사뿐 봄비가 옵니다.

보세요! 소리도 없습니다.
물웅덩이를 건너뛰어도
발자국 하나 남지 않습니다.

딸아이 여린 손가락
피아노 건반 위에서 뛰놀듯
강중강중 봄비가 옵니다.

보세요! 동글동글 매달린 음표들,
나무를 깨우는 물방울 소나타
가지마다 봄노래 들려 옵니다.

괭이밥 이야기

매실나무 화분엔
괭이밥 살고

석류나무 화분엔
자주괭이밥 살고

부러 심은 것도 아닌데
어디서 날아와 뿌리 내리고 산다.

괭이밥은 노랑색 꽃을 피우고
자주괭이밥은 자주색 꽃을 피우고

두 집안은 본디 한 족속이라
생김새는 엇비슷해 보여도

속에 품은 마음은 저렇게 다른데
노랑색 자주색 한참 다른데

그래도 서로 미워 안 하고
울긋불긋 사이좋게 살아 간다.

꽃밭에서

예쁘기야 꽃이 예쁘지.
그래도 너무 가까이 들여다보지 마라.
벌이 꿀을 모으듯이
꽃은 사람의 넋을 빼앗는다더라.

예쁘기야 꽃이 예쁘지.
그래도 너무 오래 바라보지 마라.
예뻐도 한나절, 길어도 한나절,
영영 꽃같이 살 수는 없지.

예쁘기야 꽃이 예쁘지.
그래도 꽃은 사람이 되고 싶어서
벌이 꿀을 모으듯이
사람 넋을 모은다더라.

벚꽃 세일

 벚꽃이오, 벚꽃! 자, 봄맞이 행사 들어갑니다. 일 년에 한 번, 오늘부터 딱 삼 일만 4+1 한 다발에 특별 할인가 3980원! 한 치 앞을 모르는 게 인생이라지만 주말 되면 틀림없이 두 배로 뛰어요. 벚꽃은 흩날릴 때 비싼 거 다들 아시죠? 막 피어나는 것들은 젊음이 귀한 줄 몰라요. 아무리 얘기해도 몰라. 청춘이 흔전만전 영원한 줄 알고 도매금으로 막 넘길 때, 어머니, 벚꽃은 이럴 때 들여놓는 거예요. 자, 4+1 한 다발이 얼마? 믿거나 말거나 3980원! 팝콘보다 헐한 일생, 봄날같이 잠깐이에요. 삼 일 후면 벌써 바람처럼 흩어져. 얼마 안 남은 걸 깨닫고 나면 늦어요. 한번 지나가고 나면 다신 안 온다고. 자, 딱 삼 일만 벚꽃 세일, 망설이지 말고 지금 얼른 나오세요.

예술제

 오월이었다. 하늘은 푸르고 구름은 솜사탕같이 희고 초록은 한껏 물이 올라 열여덟 딸애의 치맛자락같이 일렁이는 오월이었다. 공원 마당에 천막을 쳐서 따가운 햇살을 겨우 가리고, 시를 인쇄해 만든 그림엽서를 나눠주는 일을 벌이는 날. 김은숙, 김덕근, 이종수 시인은 엽서를 몇 장씩 간추려 연신 봉투에 넣고 장문석 시인은 막걸리를 사다 먹어도 되나 혼잣말을 되뇌며 행사를 준비하는 김영범 시인 눈치를 보는 중인데, 별안간 와 하고 달려드는 불량배같이 거센 바람이 들이닥쳐 날뛰는 통에 저지레가 자심하였다. 시인 두엇은 떠오르는 천막 기둥을 잡고 쩔쩔매고 또 몇몇은 쌓아놓은 엽서며 찻잔이 날리는 걸 붙드느라고 이리 뛰고 저리 뛰며 허둥댔다. 평생 글을 다스리며 살아온 시인들 여럿이 모여 진을 치고도 한 줄기 바람을 어쩌지 못한단 말이냐, 서로 바라보며 망연한 웃음을 창공에 새겨 넣던 날이었다.

꽃잎 시절

집집마다 담장마다
장미가 한참 붉더니

보는 눈 없는 밤을 틈타
뛰어내린 꽃잎들

옹기종기 담 밑에
모여 앉은 아침.

치장 안 해도 붉은 입술
열여섯 처녀애들

같이 이디돌 가지고
말을 맞추었는지

오기로 한 동무가
아직 도착하지 않았는지

빨갛게 상기된 얼굴에
설레는 마음 가득한 유월.

안동역에서

양성산을 넘어 작두산*에 올랐다가
팔각정 들러 하산하는 길
그해 여름 나리꽃을 만났던 자리에
꽃의 자취가 없다.

무덤가에 숨어서 수줍게 바라보던 얼굴
희미한 기억 되새기며 물끄러미 섰는데

그 시절 그 맘 안다는 듯
못 본 척 스쳐가는 반백半白의 노인,
배낭에 매달린 라디오가 운다.

안 오는 건지—
못 오는 건지—**

아무 해 좋은 여름날에 또 보자, 무심한 기약도 없이
앳된 것을 길가에 세워두고 돌아설 때
고개 숙인 채 곁눈을 주던 나리꽃

관성에 떠밀려 내려가는 발걸음을 붙들어 세우는

그 다홍빛 마음 다시 보게 되려나,
가냘프고 속없는 삶의 안부가 못내 궁금하여
속절없는 기다림의 손을 못 놓고 잠깐 섰느니.

*양성산, 작두산 : 청주 문의에 있는 야산.
** 가요 「안동역에서」의 가사 중에서 인용.

배롱나무 할머니

우리 아파트 102동 앞,
아침마다 유치원 버스에 손주를 태워 보내며
오래오래 손 흔들어주던 할머니

한 열흘 안 보이더니
배롱나무 꽃 피었다.

분홍, 보라, 아롱다롱 꽃무늬 몸뻬에
하양 블라우스, 그만큼 창백한 얼굴로
칠월 불볕에 일찌감치 나와 서성거린다.

어린 손주 돌아오는 걸 한 번만 더 보려고
이제나저제나 버스를 기다리는,
저쪽 모퉁이를 물끄러미 바라보며
흔들흔들 기다리는 배롱나무 할머니.

해바라기

해바라기 바라보면
엄마 생각이 난다.

솥 적다 솥 적다 우는 소쩍새처럼
가난하게 살다 죽은 우리 엄마.

배부르게 먹도록
한 상 차려줬으면.

노란 양푼에 한가득
꺼뭇꺼뭇 보리밥.

집성촌

 청주 동쪽 낙가산 아래 삼영부속구이집 앞 시냇가는 참새마을. 대대로 참씨 집성촌이라고 소문난 그 동네는 삼한시대부터 생겼다는 말도 있고 길게 잡아도 고려 이후라는 설도 있고, 더러는 6.25 동란 때 피란민들이 정착해 이룬 마을이라는 주장도 있어서 그 기원을 종잡을 수 없거니와, 지금도 외지인들이 물으면 금천동이라는 이도 있고 영운동이라는 이도 있을 만큼 분분한 곳이다.

 북쪽을 등지고 늘어선 냇가 둔치는 겨울에도 한낮에는 햇볕이 제법 온순해서 동네 일가들이 떼로 몰려 나와 후루룩후루룩 이리저리 옮겨 앉으며 왁자지껄 짖고 까부는데, 남녀노소 구별은 어렵지만 언뜻 보아도 생김새나 하는 짓이나 하나같이 비슷해서 한 집안인 걸 한눈에 알 만하다. 무슨 말들을 꽤나 지껄이느라 시끄럽긴 하건만 그 뜻은 헤아리기 어렵고, 다만 선대에서 하던 대로 삼한이라든가 고려라든가 전쟁 이야기를 하며 왈가왈부하는 줄 짐작할 뿐이다.

 해가 지고 땅거미가 내리기 시작하면 이 족속들은 감쪽같이 변장을 하고 둑 위 주점으로 모여든다. 마치 저녁 약속을 하느라고 종일 분주하게 보낸 보람이 있다는 듯 밝은 표정으로 돼지 뽈살, 껍데기, 막창 등속을 구워 먹으며 와글와글 쩝쩝 와글와글 쩝쩝 소란하건만 낮이나 밤이나 그 뜻은 헤아리기 어렵고, 사람 꼴을 했으니 취업이나 경기 전망, 스포츠 현황, 아파트 시세나 최신 자동차 디자인, 혹은 한반도 통일정책이나 지구촌 정세 따위를 설파하느라 서로 침을 튀기나 보다 짐작할 뿐인데, 하던 습성대로라면 내일 낮엔 뭘 할까 정하느라고 밤늦도록 저 야단들인지도 모르는 일이다.

뼈해장국

 여보세요. 그래, 애비다. 저녁은 먹었냐? 밥 먹다가 답답해서 전화했다. 넌 졸업한 지가 언젠데 내려오지두 않구 거기서 뭘 하는 거냐. 왜 말이 없어. 공부를 하는 거면 뭘 얼마나 더 하는 건지, 취직할 거 아니면 내려와서 아부지 일을 돕든지. 듣구 있냐? 환갑 넘으니까 나두 이제 벅차다. 방세로 매달 육십만 원씩 보내야지, 따로 용돈 오십만 원씩 들이밀어야지……. 아 뭐라구 말 좀 해봐라. 아이구 속터져 참……. 아 됐다. 다 관두고, 내가 방세는 내주마. 니 용돈은 알아서 벌어 써라, 알겠냐? 끊자!

 으이구 천불이 나서……. 여기 소주 한 병 더 주셔. 뭔 뼈를 이렇게 많이 줘서 술을 더 먹게 만들어. 주인 양반, 이거 말이 되는 거여? 아, 국민학교 동창인데 아들 장가들인다고 문자를 보냈어, 계좌번호까지 딱 적어서. 기가 맥혀 안 맥혀? 동창회에 한 번이라도 나왔으면 말을 안 햐. 언제 봤는지 기억도 없고 소식도 모르던 놈인데 전화번호는 어떻게 알았는지 몰라두 계좌번호를 딱 써놨으니, 올 것두 읎이 돈이나 보내라는 거여 뭐여.

 씨부랄 참, 세상이 이 지랄여. 자식새끼나 친구라는 거나 뼛골 빼먹을라구 눈이 벌개서, 아휴, 내가 말을 말아야지…….

선지해장국

눈비 섞여 오락가락하는 꼴을 두고
첫눈이다 아니다, 어린 참새들 모양
저마다 입방아를 찧는 날.

니들이 눈밭을 알기나 하냐,
평생 눈보라를 헤치고 온 듯
파뿌리같이 짧고 듬성듬성한 백발의 노파
홀로 밥상을 받고 앉아
찾아오는 이 없는 저녁을 견디고 있다.

어쩌다 생겨나와, 오 어쩌다
먹어야 하는 노역勞役을 마치지 못한 몸
이가 없어 김치, 깍두기는 손도 못 대고

식어가는 피를 덥히려고
뜨거운 핏덩어리를 겨우 떠 넣는 시간,
영원같이 아득하구나, 우물우물 저물어가는 한 생애여.

우거지해장국

고향이라는 게 그렇지.
도회지로 떠밀려온 사람들에게 그것은
이승과 저승같이 가깝고도 멀어서
좀처럼 돌아가기 힘든 곳이지. 어쩌다
잠깐씩 들른다 해도 피차 낯설어서
물에 잘못 들어간 기름처럼 겉돌지 않던가.

생각나네, 자네 살던 아랫집 늙은 감나무
듬성듬성 낡은 울타리를 넘어와
우리 집 마당을 다 덮던 그늘,
가난 같은 그늘을 공유하던 시절이 있었지.

이게 얼마 만인가.
삼십 년이 뭐야, 코흘리개 적 생각하면
오십 년 가까운 세월인 걸.
한동네 살면서 이십 년을 못 만났으니 딱하네.
그래, 아버지는 진즉에 돌아가셨을 테고
어머니가 살아 계시면, 연세가 어지간하시겠네.

차 고치는 일로 풀칠을 한다지?

자네나 나나 몸 써서 먹고사는 품팔이,
애당초 고갱이하고는 거리가 먼 인생인데
동지섣달 이런 저녁엔 우거짓국이 제격이지.
인사가 길었네, 어서 뜨끈하게 한잔 하세.

콩나물해장국

- 콩나물해장국 한 그릇 하고 가죠.
그 말이, 그 한마디가 기억에 남아 있네.
그 말간 것이 생각나서
저녁부터 도시를 흘러 다닌 것이었네.

빛의 거미줄을 펼쳐 놓은 술집의 문을 열고
부나비같이 날아들던 사내,
- 이게 쓴맛인지 단맛인지 알다가도 모르겠어요.
중얼거리며 찬 소주를 들이부은 것도
딱히 그게 궁금해서가 아니라
그 말간 것이 생각나서였지.

- 올해 부지런히 써서 내년 봄엔 시집 한 권 내야죠.
삶도 문학도 마음 같지 않아 주눅 든 사내가
첫사랑을 고백하듯 나지막이 털어놓던 말, 그 수줍은 선언을
술상 위에 슬그머니 놓아두고 새벽 거리에 나서면
헛헛한 속을 달랠 길 없어 자꾸만
또 다른 문을 열어보는 거였네.

지난밤 내뱉은 말들이 대개 기억나지 않듯이
오래된 꿈이 전생같이 말끔하게 지워진다 해도
- 콩나물해장국 한 그릇 하고 가죠.
그 말간 한마디는 잊히지 않고 남아 있네.

쉰다섯 아침에

 을사년 동짓달 열사흘 날, 문고리에 손이 쩍쩍 달라붙던 그 겨울 아침, 솥에 밥을 안쳐놓고 들어가 널 낳았지. 아홉시쯤 됐을 거다. 어릴 적 어머니가 일러준 말씀, 이것이 내 사주팔자四柱八字의 내력이다. 해마다 생일 아침이면 고봉 쌀밥에 미역국을 먹고는 해서 일찍부터 인이 박이다시피 되었다.

 열대여섯 살 무렵, 그날 어머니는 찹쌀밥을 해서 절구통에 찧어 인절미를 만들기도 했다. 절구 공이를 피한 밥알이 듬성듬성 보이는 거친 떡에 콩가루를 묻힌 걸 먹는 것은 목이 메는 일이다. 어느 해인가는 바로 밑에 장날 읍내에 가서 귤을 한 봉지 사다 두었다가 내주신 적도 있었다. 그런 날 달밤에는 동무들을 부르고 막소주를 구해다가 몰래 홀짝거리기도 했다. 대가리에 피가 말랐으니 왠지 그래야 제격일 것만 같았다.

 없는 살림에 시어른들 눈치 보며 철부지 귀빠진 날을 챙기는 일은 벅찼을 것이다. 그래서인지 어머니는 환갑 전에 이 세상을 버리고 달나라로 떠나셨다. 그곳에서도 내 생일을 잊지 않고 이맘때엔 떡방아를 찧는다는 말을 전해들은 적이 있으나 나는 곧이듣지 않았다. 그런 되잖은 흰소리에 혹하지 않을 만큼 머리가 굵을 대로 굵어 버렸기 때문이다.

 마음만 먹으면 한번 찾아가 볼 수도 있으련만! 인절미 한 접시 못 이기는 척 먹고 나서, 이제 그만 하시라고, 갈비에 잡채에 향기로운 술까지 맛있는 게 천지인 세상에 이렇게 목메는 걸 누가 먹는다고 추운데 이러고 계시냐고 투덜거려 보기도 하련만!

물집*

서귀포라 베릿내 바다는 쓸쓸한 집,
발걸음 멈추고 귀 기울여야 들여다볼 수 있는
물속의 집 한 채.

- 계십니까, 안에 계십니까.
번다한 삶을 벗어 던지고 고향에 돌아가 바다에 세 들었다는 주인은 대답이 없고
뭍에서 온 손님이 게걸음 치며 한참을 기웃거리는

돌담도 정낭도 없이 멀리 출타하진 않았을 텐데
종이 구하러 이웃마을엘 가셨나, 시를 쓰던 주인은 기척이 없고
마당을 쓰는 척 물결만 드나들며 힐긋거리는

서귀포라 베릿내 바다
사철 비어 적적한 집 한 채

소식 한번 끊어지니 천만리 오가던 정도 물거품이라
부질없는 안부 한마디 맡아줄 인편도 없고
꼭 전해주오, 간청하듯 술 한 잔 부어놓고 돌아설 때

속없는 바람만 등을 떠밀 뿐 주인은 끝내 내다보지 않는

＊정군칠 시집 『물집』에서 빌려왔다. 정군칠 시인은 고향 제주의 아름다
움과 상처를 노래하며 살다가 2012년 타계했다.

첫눈

첫눈이 내리던 그날 아침
옷을 단단히 여미고 집을 나서던 노부부가
주차장에 멈추어 서서 전화를 받는다.
할아버지 할머니를 알아보는지 마는지
그런 손주와 영상통화를 하는 노인들은
작은 화면 속으로 빨려 들어갈 듯하다.
다연아―
다연아―
온 마음을 다해 누군가를 불러주는 것,
그것이 사람이 해야 할 단 하나의 일이라는 듯
첫눈이 잠깐 탐스럽던 그날 아침.

모친상 母親喪

어머니 한 분 떠나셨으니
세상의 무게가 반은 줄었겠다.

아주 오래된 일,
어린것들 매만지고 가꾸느라
일생 하루같이 놀리던 손
가지런히 거두어 모으고
- 인제 고만 잠 좀 잘란다,
  알아서들 밥 챙겨 먹어라
정 떼는 말 차마 못다 이르고

살뜰한 농부가 한번 잠드시니
삶의 이랑마다 바지런하던 발소리도 그치고
기댈 곳 없는 풋것들의 세상에
빈자리가 커서 바람이 분다.

그리운 안드로메다
— 고 조원진 시인을 추모하며

2020년 3월 16일 밤 10시,
나는 『코스모스cosmos』*라는 책을 들여다보고 있었다.

빛의 속도로 1년 동안 가는 거리, 1광년은 10조 킬로미터쯤 되는데, 안드로메다자리에서 두 번째로 밝은 베타별이 75광년 떨어져 있다니 평생 가면 가볼 만하다 싶고, 200만 광년 거리에 있다는 안드로메다은하 M 31을 상상해 보느라 눈을 끔벅거리다가, 지구에서 가장 먼 천체 퀘이사quasar까지는 100억 광년 걸린다는 말 앞에서 그만 우주의 먼지처럼 다소곳해지고 말았던 것인데.

그렇게 주억거리고 있던 시각에 형이 홀연 살던 곳을 떠났다는 소식을, 다음날 아침에야 들었다. 하도 어이없고 기가 막혀서 이 양반이 이런 사실을 알고나 길을 나섰단 말인가, 잘 모르면 물어나 보고 가든지 거기가 어디라고, 자초지종 귀띔도 없이 무슨 일인가 탄식을 해보다가, 언제든지 국밥 먹으러 오라더니 다짐을 잊었나, 멀리 안 갔으면 어떻게든 붙들어야 하는 거 아닌가 원망을 하다가, 말은 느려도 동작은 빨라서 빛처럼 순식간에 기러기 날아오는 시베리아 어디쯤** 가고 있을 듯해서 이러지도 저러지도 못하고 망

연자실 별빛이 어리는 술잔만 바라보고 있었던 것인데.

 안드로메다은하, 말은 안 했지만 형은 거길 가신 게 틀림없다. 구경도 기운 있을 때 다녀야 한다는 말에 귀가 솔깃했을 듯싶은데, 100억 광년은 엄두를 못 냈을 테고 200만 광년이면 그래도 만만했을 것이다. 사실 나도 가보고 싶은 곳이고 언젠가는 꼭 갈 거니까. 우리은하도 있지만 거긴 너무 가까우니까. 꿈인 듯 생시인 듯 별천지를 굽어보며 '원점으로 돌아가는 영시처럼 사랑아 안녕'*** 휘파람을 멋지게 불어 젖히고 곧 돌아오면 될 테니까. 지금 도착한 저 별빛이 별을 떠났을 때 지구에 인류가 없었듯이 형이 돌아올 때쯤에는 아무도 없을지도 모르지만, 보은 읍내 시장 야채가게 구석에 시를 쓰던 책상은 먼지 쌓인 채로 형을 기다릴 테니까.

---

* 미국의 천문학자 칼 세이건Carl Edward Sagan, 1934~1996의 저서.
** 조원진 시인의 시 「기러기 부리에 묻어온 겨울」에서 변용.
*** 배호의 노래 「영시의 이별」 부분 인용.

제4부

원죄

후생사 앞 사거리에 새끼 고양이 한 마리 풀어져 있다. 얼굴은 으스러져 형체가 없고 덜 마른 창자는 흐트러졌고 그것을 담고 다니던 털가죽은 걸레같이 너덜너덜, 무단횡단을 감행한 죄와 벌이 선명하다. 될 수 있으면 밟지 않으려고 자동차들은 움찔하며 피해 간다. 그러니까 횡단보도로 건너야지. 신호도 잘 지키고……. 또박또박 말하는 유치원생 아들을 한번 바라보고 엄마는 흐뭇하게 속도를 높인다.

못 배운 죄는 치명적이다. 배울 수 있는 족속에 들지 못한 죄는 더욱 그러하여서, 온몸을 짓이겨 비굴했던 삶을 새겨 넣었으나 하소연 한번 해볼 데 없이 길바닥과 한 몸이 된 목숨의 기록은 오래 기억되지 않을 것이다.

속절없이, 속절없이
— 김사인 시인의 경우

 단둥丹東의 아침, 국경 없이 이천 리를 뒤척이며 흘러온 압록강은 바다로 들어갈 채비를 하느라고 출렁이는데, 전쟁 통에 끊어져 관광지가 돼버린 철교 끝에서 저편을 말없이 바라보다가, 강 건너는 신의주란다, 단둥에 내리는 비는 신의주 땅도 적실 터인데, 유람선에 몸을 싣고 저쪽 강가에서 일하는 동포에게 손을 흔들다가, 통통배를 붙이고 잡화를 파는 조선 사내에게 대동강 한 보루를 사서 일행들에게 한 갑씩 돌리며 겸연쩍게 웃다가

 된장찌개, 비빔밥, 오그랑죽, 썩장……, 옌지延吉 시내 순이랭면 맞은편 옥경이네반찬 여닫이문에 쓰인 메뉴를 읽다가, 오그랑죽이 뭔지 몰라도 한 그릇 먹어봤으면 좋겠다고 입맛을 다시며 서성거리다가, 그예 문 열고 들어가 물어보고는 오그랑죽은 팥죽이고 썩장은 청국장이란다, 당숙모를 만나고 나온 것처럼 함박웃음을 웃다가

 투먼圖們 시 두만강공원에 나가 펄쩍 뛰면 닿을 듯한 함경북도 땅을 바라보다가, 맑게 갠 천지天池를 보고 필생의 숙제 하나 했다며 함빡 웃던 어제 일도 벌써 아득하여라, 속이 타서 못 견디겠다며 노점露店에 앉아 투먼 막걸리에 북한산

명태를 씹으며 끊었던 담배나 빼끔거리다가

아픈 곳

갈갈갈갈 왈왈왈왈
아침 식전부터 펄펄 뛰는 까치 소리
단잠을 깨운다.

새로 지어 입주한 아파트 앞 공터
아카시나무 숲에 까치 두 마리
전봇대 꼭대기에 올랐다가
교회 종탑 위 십자가로 건너갔다가
어린이집 피뢰침 끝에 앉았다가
태극기 매달린 경로당 깃대 위에 보란 듯이 서서
지껄지껄 깐족깐족 시위가 장난이 아닌데

하필 죽은 나무에 집 지어 놓고
그것도 이층으로 지어 놓고
저것들은 잠이 오나,
엊저녁에 걱정 반 흉 반 중얼거린 말이 귀에 들어갔는지
분하고 어이가 없어 밤새 잠을 설쳤는지
대거리하는 품이 금방이라도 문을 박차고 들어올 기세다.

너희들은 잠이 오냐? 제 코가 석 자인 것들이 걱정도 팔

자다. 나라 기둥뿌리가 썩은 걸 모르는 건지 알고도 모른 척하는 건지. 점령군을 등에 업고 반쪽 나라 세워 놓고 일제에 나라 팔아먹은 놈에 부역으로 겨레 팔아먹은 놈들 떵떵거리며 이날 이때껏 대를 물려 호의호식하는 꼴을 보면서 잠이나 처자는 주제에…….

  갈갈갈갈 왈왈왈왈
  침을 튀기며 삿대질을 해가며 우짖는 소리
  화살처럼 날아와 가슴에 박힌다.

은행나무의 초상

그리운 이는 얼른 오지 않더라.
밝은 세상이 더디 오듯
천년만년 일자 소식도 없더라—
흘러간 노랫가락같이, 입에 붙은 신음같이
중얼중얼 넋두리를 떨구는,

바람 많은 동구洞口에 나와 촛불처럼 서서
억만 년 동안 오지 않는 이를 생각하며
샛노란 자리를 새로 펴는
노구老軀의 발치에 고린내가 물씬하다.

일생을 두고 한 번도 신발을 벗어 본 적 없는,
방은커녕 툇마루에 올라앉아 본 일도 없는
미련한 늙은이의 아랫도리는 헛간처럼 휑하니 허물어졌건만
쓰러져서 화석이 될지언정 눕지 않으리라 다짐하던
아득한 쥐라기 적 마음이 썩어 문드러지는 냄새.

활활 타오르던 풍채風采도 시나브로 앙상해지고
때를 만난 악귀같이 어둠이 밀려드는 저녁

내 몸의 불도 언제든 되살아나리라—
마지막 한 잎을 비명처럼 내려놓고는
선 채로 겨울을 날 작정인가, 미동도 없이
미동도 없이 눈을 감는
노거수老巨樹의 둘레에 횃불 냄새가 맴돈다.

바나나

저것은 바다를 건너온 몸이다.

젖몸살을 앓던 열여섯 달뜬 꿈을 버리고
아버지 같은 남편을 따라온 어린 신부들같이
조금만 기다려라, 돈 벌어 오마
노잣돈 빚 얻어 입국한 오라버니같이

고향집 떠나던 날, 그 밤에 달은 떴을라나
초승달처럼 주춤주춤 뒤를 돌아보며
칠흑 같은 바다를 건너온 몸이다.

한 번도 가본 적 없는 먼 나라는
가도 가도 검은 물결만 일렁이는 삼만 리 길.
말로만 듣던 코리아는
하루하루 몸을 갉아먹어야 견딜 수 있는 나라.

아파트 주방 한 구석,
단 것으로 가득 채웠던 몸도 지치고
샛노랗게 단장했던 꿈도 시들어
아침저녁 다르게 거뭇거뭇 까무러치는데

오오 어머니의 얼굴색, 내 한 몸 헐값으로 가난은 가렸을
라나
　아무래도 나는 못 가요, 쪽지도 한 장 없이 일생을 마치는

　이것은 바다를 건너온 몸,
　그리운 고향 들판을 추억하는지
　너덜너덜 껍데기만 남은 그릇에 단 내음이 가득하다.

말도 안 되는

저 바다 속 어딘가에 용궁이 있을 거라고,
심청이를 꽃잎에 태워 지상으로 띄워 보내주던
용왕님이 계실 거라고 믿던 시절이 있었다.
말도 안 되는 세월이었다.

믿거나 말거나, 기름을 짜듯
무심한 세월이 사람 목숨을 태워서 속도를 낸다는,
아주 오래된 소문에 진저리를 치며
가슴을 쓸어내리던 시절이 있었다.
말도 안 되는 세월이었다.

그날 아침, 세월이 뒤집혀서
핏물이 가시지 않은 순대 속 같은 말들과
역한 비린내를 꾸역꾸역 쏟아낼 때
사람들은 하늘에 대고 원망을 퍼붓다가 기도를 바치다가
돌아오는 길은 어디 있나요, 울며 묻기를 거듭했으나
눈물바다에서 끝내 아무 대답도 건지지 못했다.

억장이 무너지는 세월이
낮게 가라앉아 흘러갔다.

>
저 하늘 어딘가에 살기 좋은 나라가 있다고,
죄 없는 목숨들을 데려다가 아무 걱정 없이 살게 해주는
하느님이 계신다고 믿던 시절이 있었다.
말도 안 되는 세월이었다.

벚꽃 단장斷章

 나는 벚꽃이에요. 아니, 개나리 혹은 동백이라고 해도 좋고 다른 무어라고 해도 상관없어요. 올해는 좀 일찍 피었어요. 피어서 이내 진다고 나무라지 마세요. 갈 길이 멀거든요. 진도에 가야 하는데, 16일까지 대려면 마음이 급해요. 길은 한 줄기, 물길로 팔백 리 길이에요. 무심천 물을 따라 북쪽으로 흐르다가 미호천을 만나면 남서로 부강까지 데려다 줄 거예요. 거기서 금강 물에 몸을 싣기만 하면 서해로 갈 수 있다고 들었어요. 서해에 닿으면……, 생각만 해도 몸이 떨려요. 바닷물이 차갑기도 하지만, 꽃을 집어삼키는 괴물이 살거든요. 이태 전에 삼백 송이가 넘는 꽃이 한자리에서 목숨을 빼앗겼어요. 배가 맥없이 뒤집어졌다는 말도 장난 같은데, 애써 사람 구할 생각을 안 했다는 건 도무지 믿을 수가 없어요. 사실, 난 팽목항에 피어야 하는데 어떻게 여기로 왔는지 모르겠어요. 다른 친구들 다 거기서 만나기로 했거든요. 무어로든 다시 눈을 떠서 얘기 좀 들어보자고. 영문도 모르고 세상이 바뀌었으니 영문도 모르고 잘못 온 거겠지요. 무사히 찾아갈 수 있을까요? 아니면 또 내년 봄을 기다려야 하나요?

수달 장어 먹듯이

텔레비전을 보는데
수달이 장어 잡아먹는 장면이 나왔다.

세상에!
머리 쪽은 맛이 없어서 그러는지,
미안해서 그러는지
장어를 거꾸로 들고 꼬리부터 뜯어먹었다.

으아아아아아아……
머리가 멀쩡한 장어는
죽겠다고 몸부림을 쳤지만
반이나 먹혔는데도 못 죽고 꿈틀거렸다.

으아아아아아아……
누가 내 꼬리를 끊어 먹는 것처럼
꼬리뼈가 움찔움찔하였다.

돼지들

혹독한 겨울이 지나갔다.
반도를 휩쓴 역병의 광풍 속에서
갈팡질팡 언 땅을 열어 구덩이를 파고
집채 같은 소들의 주검과
포클레인 삽날로 돼지들을 산 채로 밀어 넣던,
아, 귀를 찢는 비명도 함께 마구 끌어 묻던
미친 겨울은 슬그머니 물러갔다.

숯불에 삼겹살을 구워 소주를 마시며
컴컴한 목구멍 너머로 꾸역꾸역 고기를 밀어 넣으며
우리는 그 패륜悖倫을 구경했다.
굳은 땅도 미처 다 받아주지 못하는 죽음의 행렬을
못 본 척 침묵하는 동안 봄이 되었다.

지난겨울 살육의 추억은 꽃향기처럼 아련하고,
흙으로 덮고 애써 잊는다고 끝나는 게 아니라며
핏물 삼키는 대지의 신음을 듣지 못했다. 우리는
훌쩍 뛰어버린 고기값이 야속할 뿐.

흥청망청 먹고 마시며 자본에 사육되는 일생,

기름진 돼지의 삶이 몹시도 자랑스러워
흙이 썩고 물이 썩고 몸이 함께 썩어가도
우리는 아무런 통증을 느끼지 못했다.

꼬라손*

열대야에 널브러져 남미 노래를 듣는 여름밤
 더위를 휘젓고 뛰어다니는, 도대체 속을 알 수 없는 폭주족같이
 뜻을 알 수 없는 경음硬音의 행렬 속에서
 멕시코며 아르헨티나며, 칠레, 페루 같은 조금은 낯익은 나라들이나
 베네수엘라인가 볼리비아인가 에콰도르인가 하는
 먼 라틴아메리카의 나라들을 생각한다.

빨간 원피스에 빛나는 구두, 샴페인에 젖은 입술,
 그 여인이 이마가 휜한 사내를 쏘아보며 탱고를 출 때
 맞닿은 가슴 속에서 뛰던 심장을
 생각한다, 황금을 찾아 바다를 건너온 정복자들의 탐욕과
 그들이 앞세우고 온 십자가에 기대어 삶을 잇고 독립전쟁을 펼쳤다는 원주민들의 간절함과
 꼬라손 꼬라손 적들의 말로 노래를 부르며 독재와 맞서던 민중들의 열망을 생각한다.

그 더운 나라에 사는 사람들도 더러는
 이 먼 반도의 잠 못 드는 사람들의 마음을 생각할 것이다.

분단이라든가 휴전선이라든가 하는 녹슨 철조망 같은 낱말에 대하여,
　군함이 침몰했다든가 여객선이 뒤집혔다든가 그리하여
　영문도 모르고 수백 명씩 떼죽음을 해도 대수로이 여기지 않는 낙원에 대하여
　얘기하며 웃을 것이다. 언젠가 범선을 띄워서 그 땅을 찾아 떠나리라, 가서
　어리석은 백성을 다스리는 즐거움을 오래 누려 보리라
　야망에 젖어 흰소리도 한번쯤 떠벌여 볼 것이다.

　팔을 베고 납작 엎드려도 꼬라손, 꼬라손 하는 소리가 귀를 파고드는 여름밤,
　만져지지 않는 나의 꼬리손은 가슴 왼쪽에 제대로 붙어 있나 생각하노라면
　무더위처럼 벗어날 수 없는, 뜨겁고 끈끈한 것들이 사방 옥죄어 오는

＊꼬라손Corazon : 심장, 마음, 사랑이란 뜻을 가진 스페인어.

강, 하고 불러보다

 강, 하고 부르면 내 몸 어딘가 웅크리고 있던 오래된 기억의 물결이 일렁이며 오던 시절이 있었다. 하굣길에 한나절 땟국 얼룩진 몸을 첨벙첨벙 씻어주던 시절은 강물처럼 흘러갔다. 두 손을 붙여 만든 손그릇에서 태연하던 송사리, 그 비릿한 눈동자를 바라보며 내일 숙제도 그만 잊어버리고 말았던 여름은 지나갔다. 우당탕탕 물난리에 벌거숭이 엉덩이를 치고 달아나던 피라미, 붕어들의 꼬리지느러미에 전율하던 날들은 꿈속처럼 아득하게 멀어져 갔다. 모래 속에서 맨발을 간질이던 모래무지, 미꾸리의 몸짓과 놀람은 모래알처럼 내 몸을 빠져나갔다.

 강, 하고 부를 때 하얀 은물결 너머로 점점이 사라지던 물수제비의 저녁은 다시 오지 않을 것이다. 이따금 큰비에 흙탕물이 되어서는, 이렇게 살아선 못쓴다 하며 하룻밤 사이에 맑은 얼굴을 보여주던 가르침은 이제 없을 것이다. 우르릉우르릉 물길을 막고 찍어대며 포효하는 짐승이여, 때로 그 강가 그 언덕에 돌아가 물같이 흘려보낸 젊음을 추억하며 쓸쓸하게 웃어보는 일도 다시는 없을 것이다.

용꿈

 그 옛날에 바다 건너 왜놈들이 쳐들어와 강토를 도륙 냈었다는 임진년, 용의 해가 밝았으니 용꿈 꾸자고, 까짓것 용이 돼보자고 보는 사람마다 인사랍시고 떠벌이다 보니 그 짐승이 뭔지 슬며시 궁금해지는 거였다.
 몸통은 기껏해야 큰 뱀인데 등엔 반짝이는 비늘을 덮고, 머리엔 사자 대가리를 얹었는데 아가리에선 불을 뿜으며, 다리엔 독수리 발톱을 꽂아 사나움을 더했다. 하늘과 땅에서 힘깨나 쓴다는 짐승들을 찢어다 붙였으니 말하자면 잡것인데, 말인즉슨 내가 제일 세다는 것이렷다! 깊은 물에 살면서 때로 천둥과 번개를 부른다는 말도 있고, 더러 구슬을 물고 하늘로 오르는 걸 봤다는 사람도 있으나 믿는 사람은 없다. 분명한 건 나라를 훔친 자들과 한 몸이 되어서는 백성들의 등골 빼는 데 정당성을 부여한 게 그 짐승이 고금古今에 한 일의 전부라는 것.
 자고로 강토를 도륙 내고 백성을 수탈하는 건 왜놈이나 용의 문양을 쓰는 족속들이나 매한가지라, 올해는 여의주를 탐내며 설치는 것들 용트림에 기죽지 말고 눈 부릅뜨고 맞서서 천하 잡것들 코뚜레를 꿰어 직수긋하도록 다잡아놓고 용용 죽겠지 하며 시원하게 술이나 한잔하게 되기를 꿈꿔보는 것이다.

라일락 의원議員

라일락, 그이가 시의원이 됐으면 좋겠다.
죽지도 않은 경제를 살리겠다고 허풍 떨지도 않고
뭘 하겠다고 큰소리치지도 않고
할 때 돼서 한 일을 두고 다 내가 했다고 우기지도 않고
시의원 해봤으니 도의원 시켜달라고 애걸하지도 않고
국민의 이름으로, 구국의 결단 운운하며
이 당 저 당 옮겨 다니지도 않고

봄 한철이라도 가만히 서서
세상을 향기롭게 하는 라일락 의원.

홍어론 洪魚論

　홍어는 수치보다 암치가 맛이 좋아서 값이 훨씬 비싸도 잘 팔린다는, 때로 저녁에 수치만 남으면 좆을 떼 치우고 암치인 양 팔기도 한다는, 만만한 게 홍어 좆이란 말은 그래서 생긴 거라는, 나주홍어 주인장의 일장연설을 듣고 허풍일 수도 있지만 그럴듯하다고 고개를 주억거린 적이 있다. 그때 나의 그것은 뜨끔해서 잔뜩 오그라들었다.
　이제와 생각하니 홍어 좆을 만만하게 여기는 건 가당찮은 일이다. 세상에 좆만도 못한 것들이 허다한데, 혹세무민惑世誣民을 일삼는 기자나 교수 나부랭이가 대개 그렇고, 그중에서도 협잡과 술수, 생떼와 헐뜯기로 권력을 차지하고 혈세나 축내는 정치인은 워낙 좆도 아니다. 그런 것들과 거래해서 세를 불리고 교회를 키우고 헌금을 늘려 교주의 배를 불리는 종교는 정말 좆도 아니다. 인간을 시험하고 착취하기 위해 존재한다면 신神이란 건 정녕 좆도 아니다.
　홍어는 세상을 두 부류, 홍어회를 좋아하는 축과 끔찍하게 여기는 축으로 나눈다. 하느님은 홍어한테는 관심이 없다. 헌금을 못 하기 때문이다. 그저 인간을 믿는 자와 안 믿는 자로 나눌 뿐인데, 인간의 존엄성을 지키는 일에 소홀하고 사회의 진보를 이끌지 못한다면, 하룻저녁이라도 하느님보다 홍어 좆을 믿어 보는 게 낫다고, 나는 믿는다.

사람 대접

 군산 신시도, 무녀도 건너가는 새 다리 아래 물가에
 이름도 간판도 없는 포장마차
 일생에 먹고사는 일 외엔 관심을 두어본 적 없는 듯 무표정한 안노인은 밖에서 말없이 굴을 까고
 바깥노인은 어린 손자와 안팎을 들락거리며 구시렁구시렁 천막을 여미고
 젊은 딸이 화들짝 쫓아 나와 손님을 맞는다.
 이만오천 원 한다는 낙지볶음을 주문하고
 김국을 먼저 달래서 소주를 홀짝거리는 동안
 바깥노인이 들어와 수조에서 낙지를 꺼내가고
 굴을 까던 안노인이 주방으로 들어간 후 도마 두드리는 소리가 나고
 식구가 있는 대로 부산을 떨더니
 이윽고 젊은 딸이 접시를 들고 나와 놓으며 머뭇머뭇 노모의 말을 전한다.
 마침 양배추가 떨어져 못 넣었으니 이만 원만 받으란다고…….
 먼 타지에서 하루 다녀가는 뜨내기 여행객이 그걸 꼭 넣어야 하는 건지 알 리도 없건만
 묻지도 않는 걸 털어놓고 음식 값을 덜 받나 어이없어하

다가
　문득 생각하니 그게 사람대접이라,
　누가 알건 모르건 내가 할 도리를 다하지 못했으니 제값을 받을 수 없다는 마음, 그게 사람을 대하는 정성이라
　일생을 갯벌에 기대 풀칠해온 늙은이일망정
　사람을 대하는 정성이 그래야 한다는 걸 부처님 믿듯이 믿어서 절대 변치 않는 마음,
　그만한 조미료가 또 있으랴 싶고
　또 뭘 하나 덜 넣는대도 맛은 빠지지 않을 듯하고
　어딜 가서 이만한 대접을 받아보나 싶어서
　참 잘 먹었다는 공치사가 앞서 건너가는데
　비로소 멋쩍은 웃음을 보이는 안노인 염치가 하도 귀해서
　사람 된 것이 스스로 대견했던 그 한낮.

고사

 녀석이 20여 년 요리사 인생을 접고 외상으로 트럭을 사서 화물 인생을 시작하던 날이었다.
 먹고사는 일은 멈출 수 없는 일인데 어려운 결심 했다고, 동무의 밥벌이를 격려하러 모여든 녀석들은 트럭 앞에 돼지머리를 모셔 놓고 머리를 조아렸다. 돈을 뒤로 벌지 앞으로 버냐고, 뒷돈이 많이 들어와야 얼른 부자 되는 거라고 흰소리를 하며 차 뒤에 상을 차리자고 억지를 부리던 녀석도 결국 앞에 가서 무릎을 꿇었다. 안전-대박-안전-대박 저마다 간절하게 염불을 되뇌며 절하고, 경박한 혓바닥과 묵직한 바퀴의 액을 차가운 술기운으로 진압하는 동안 돼지머리는 불상같이 웃었다. 그 미소가, 알았으니 아무 걱정 말라는 뜻인지, 탁주 몇 잔으로 지나친 발원이 가당찮다는 뜻인지 분명치 않았다. 저 위에 앉은 것이 근근 입에 풀칠하는 사람들 속내를 알 게 뭐냐, 상을 물릴 때까지 애매한 표정으로 일관하는 꼴을 보다 못한 녀석들은 부처를 끌어내려 두 귀를 자르고 코를 베어 안주로 씹으며 한기와 허기를 달랬다.
 서편 하늘에 이월 초닷새 상현달이 낄낄거리며 눈을 찡긋하던 저녁이었다.

큰일

 아침 출근길, 집을 나섰다가 놔두고 온 휴대폰을 가지러 되돌아가는데 엘리베이터 앞에서 위층 사는 꼬마를 만났다. 학교를 가려고 나섰다가 헐레벌떡 되돌아오는 녀석은 제 등짝보다 큰 책가방을 메고 신발주머니를 들고 가쁜 숨을 몰아쉬었다.
 "올해 학교 들어갔구나. 근데 왜 도로 오니?"
 "휴대폰을 안 갖고 와서요."
 "아이쿠, 그거 큰일이구나!"
 정말이지 살면서 이만한 일을 당하기도 처음이라는 듯 발갛게 상기된 얼굴엔 당혹스러움이 가득하였다. 뭐라고 더 위로할 말도 잊고 섰다가, 큰일에 엘리베이터를 잠깐 세우는 것도 미안하여 도망치듯 먼저 내리고 말았다.

사월

그런 날 있지. 비린내 가시지 않은
새잎을 하얗게 뒤집어놓고
일찍 핀 라일락꽃 머리채를 잡고 흔들며
바람이 환장하고 울던 날.

쪽물같이 푸른 하늘도
비단같이 부드러운 햇살도
날뛰는 바람을 달래지 못하고 쩔쩔매다 못해
애처로워 함께 부둥켜안고 목을 놓아 곡하던 날.

문을 굳게 닫고 모른 척하다가
이 좋은 날에 뭔 발광發狂이람, 혀를 차며 흉을 보다가
진도 앞바다에 놀던 것이
어린 목숨 떼로 가라앉는 걸 지켜본 후로 미쳐서
 통증을 물고 우우, 삼키며 흘리며 사방 헤매나 싶어 내다
보다가

 그래 미안하다, 입에 풀칠하기도 염치없구나,
  점심도 전에 일손을 그만 놓아버리고 나가 바람 따라 쏘
다니다가

서점에 들어가 십 년 전에 요절했다는 시인의 시집을 한 권 사고
시내버스 타고 증평 가서 정 시인을 불러내어
괴산 불정 세평리 신 작가네 집 마당
복사꽃 아래 술상을 차리고 광풍狂風의 넋두리를 듣던 날.

한꺼번에 죽은 이들 백화百花로 피어나서, 그래서
이 강산의 봄은 기막힌 전설같이 오는 것이냐 물어보던,
물속 같은 세상에 생사生死의 경계가 희미하던
그런 날이 있지.

사자빈신사지*

아뿔싸, 여태 서 있었단 말이냐.
돌아온다는 말, 속절없는 기다림 다 허물고
벌써 드러누웠어도 괜찮은 것을.
그때 내가 뭐라고 지껄였기에
그 세월을 홀로 지켰단 말이냐.

미안하다, 미안하다 중얼거리며
오후 내내 석탑을 어루만지는
가을비 여래如來.

---

* 사자빈신사지獅子頻迅寺址 : 충북 제천시 한수면 송계리, 송계계곡 사장마을에 있는 절터. 고려 전기 유적으로 사사자 구층석탑(四獅子九層石塔, 보물 제94호)이 남아 있다.

발문

그는 흔들리며 가기로 했다

연규상 | 소설가

테러리스트, 얄짤없는

류정환을 처음 본 것은 1992년, 내가 근무하던 신문사의 편집국에서였다. 편집기자로 입사한 그는 눈이 컸고, 웃을 때 덧니가 보였다. 순한 인상이었다. 몇 개월 앞서 입사한 덕에 나는 그에게 선배 소리를 들었다. 얼마 뒤 나는 사회부에서 그가 있던 편집부로 자리를 옮겼는데 그가 뽑은 제목들을 보며 편집을 배웠다.

옛 율량파출소 뒤에 있던 그의 자취방이 떠오른다. 밤늦게 조판을 마친 젊은 편집기자들은 그의 자취방에 모여들어 새벽까지 술을 퍼마시며 떠들곤 했다. 사주社主를 씹어댔고 정권을 성토했다. 우리는 기사를 1단부터 5단까지 분류하거나 사건을 열두 음절 미만의 짧은 제목으로 간추리는 법을 배우는 중이었다. 20대 후반에 불과했던 우리는 알량한 편집기술을 곧잘 기자의 사명감이나 정의감과 혼동했다. 세상이 교정지로 보였고 틈만 나면 세상을 고치려 들었다. 류정환은 우리가 중구난방 떠드는 말들에 대해 대개 침묵했다. 아니, 조용히 듣기만 했다. 그러다가 예기치 않은 순간 몇 마디를 불쑥 내뱉었다. 그것은 칼이었다. 영화에서 자객이 칼을 **뺐었다** 칼집에 넣는 순간 상대가 우수수 쓰러지듯, 그의 말이 끝나자마자, 득세하던 당위론이 목을 잃었고 멀쩡하던 절충론이 옆구리를 움켜쥐며 쓰러졌다. 우리는 그가 '촌철로도 살인'하는 시인(1992년 《현대시학》으로 등단)이라는 것을 깜빡 잊고 있었다.

가뭄에 콩 나듯 했던 그의 말을 종합해보면, 그는 이승만을 경멸했고 신채호를 존경했다. 식민지 지식인의 외교 독립 노선을 합리성으로 위장한 회색 논리로 보았고 서북간도의 무장투쟁을 '과격하게' 지지했다. 매월당을 좋아했다. 고봉과 퇴계는 (서로 다른 이유로) 다 좋아했다. 의상과 원효는 잘 모르겠다고 했다. 조용필만큼이나 양인자를 사랑했다. 제비뽑기로 대통령을 뽑아야 한다고 주장하는 급진파였지만 인류의 앞날에 중뿔난 기대를 걸지 않는다는 점에서는 허무주의자였다. 그리고 무엇보다 얄짤없는 테러리스트였다.(그가 '면도칼로 모가지를 탁 하고 그어버려야 할 놈'으로 지목한 리스트는 다 이제 잊어버렸다.)

산책자, 느린

그와 나는 다니던 신문사를 그만두고 천안, 대전 등지로 일자리를 찾아 떠돌았다. 천안 삼거리와 대전 산내의 자취방이 떠오른다. 그 궁색한 방에서 함께 먹던 마늘 장아찌며 고추장 감자찌개의 맛도. 김수철의 대금곡 「천년학」을 듣던 저녁이면 세상의 끝에 와 있는 듯 외롭고 서러웠다.

실직 기간 동안 그는 방에 틀어박혀 선비처럼 책을 읽었다. 자그만치 일년 내내 책만 읽었다. 그래도 그의 수중에 돈이 떨어지는 일은 없었다. 내가 둔산의 아파트 공사장에서 벽돌을 진다, 에버랜드 뒷산에서 은행나무 잎을 딴다 수선을 떨어도 그는 꼼짝도 안 했다.

꼬박 한 해를 허송세월하고 청주로 돌아오니 바야흐로 서른이었다. 손에는 여전히 쥔 게 없었다. 선배들과《충청리뷰》를 창간해 어렵사리 일은 했지만 그나 나나 궁기를 벗진 못했다. 류정환은 사무실 옆에 작은 자취방을 구해 살았다. 일하다가도 때가 되면 연탄을 갈거나 밥을 지으러 집으로 갔다. 그는 언제나 걸어 다녔다. 창간 초기, 이삼십만 원의 박봉에도 허덕거리지 않았다. 형편이 좀 나아져도 허투루 돈을 쓰지 않았다. 몇 해 뒤, 류정환은 빨갛게 감이 익어가던 수름재 마당에서 혼례를 올렸다.(그는 신부 심수영과 함께 『양파를 위하여』(1996)라는 공동 시집을 펴냈다. 그 시집의 발문을 쓴 일을 나는 아직도 뿌듯하게 여긴다.)

내수 은곡리 임대 아파트에서 찬샘이와 은결이가 태어났다. 금천동 뉴타운 아파트로 이사했다. 서른 시절에 쓴 시를 『붉은 눈 가족』(2004)과 『검은 밥에 관한 고백』(2004)에 나눠 실었다. 독립해 차린 출판사 '고두미'에도 제법 고객이 늘어갔다. 그래도 그는 걸어 다녔다. 충북민예총과 충북작가회의에서 오래 일했다. 노무현, 김대중이 서거(2009)했다. 뱀띠 친구들과 '비몽사몽-뱀들의 날 꿈'이라는 카페를 만들어서 놀다가 나중에는 『사행』이라는 무크지도 만들었다.

시집 『상처를 만지다』(2011)를 펴냈다. "매끈하던 잎에 상처가 생겨 / 흉한 것을 며칠 들여다보다가 / 아예 밑동을 잘라버릴까 / 가위를 들었다 놓기를 거듭하다가" 그는 그냥 두기로 한다. 대신 "한 번 더 만져주기로" 한다. 이명박이 집권했고 4대강이 만신창이가 되었다. 박근혜가 집권했지만 국정 농단 사건으로 탄핵되었다. 충북 시인·작가들의 문학 유적을 따라 그 자취를 정리한 『누구와 함께 지난날의 꿈을 이야기하랴』(2017)를 펴냈다. 촛불 혁명으로 문재인 정부(2017~)가 들어섰다. 세상 참 잠깐이다. 아이들이 생기고, 정권이 바뀌고, '가끔 일하고 가끔 술 마시고 가끔 시 쓰는' 사이 훌쩍 '이십 년'이 흘렀다.

> 당신이 내 팔을 베고 잠든 사이,
>
> 볼을 간질여도 모르고
>
> 아침 단잠에 취한 사이
>
> (…)
>
> 속절없이 깊어진 눈가의 주름살을 지나
>
> 참 앙성맞은 당신의 손,
>
> 거칠어진 손등을 가만히 쓰다듬는 사이.
>
> ―「이십 년」 중에서

선비, 검이불루한

이태 전, 그는 금천동 뉴타운 아파트에서 영운동 언덕 위에 지은 신축 아파트로 이사했다. '안나비 응달말'의 '헛간 같은 집'에서부터 수많은 자취방과 아파트를 전전한 끝에 다다른 곳이었다. '그의 집' 하면, 선명한 이미지가 하나 떠오른다. 언제나 방 가운데 자리했던 낮은 책상과 그 위에 놓인 원고지이다.(그가 담배를 피우던 시절에는 뚜껑이 있는 재떨이가 함께 놓여 있었다. 원고지에는 달필로, 시가 적혀 있었다.)

김부식은 『삼국사기』에 백제의 궁궐 건축을 일컬어 '검소하지만 누추하지 않고, 화려하지만 사치스럽지 않다儉而不陋華而不侈'고 기록했다. 이 말을 정도전이 경복궁을 지을 때 다시 인용하면서 조선의 사랑방은 '검이불루', 규방은 '화이불치'라는 전형을 갖게 되었다고 한다. 류정환의 집은 세간이 단출하고 방이 정갈했다. 그야말로 검儉하지만 불루不陋했다.

나는 최근 몇 달간 류정환의 시집 『말도 안 되는』의 원고를 여러 번 읽었다. 그의 시 또한 검하되 불루했다. 그의 글은 그의 삶과 나란해 보였다. 글이 삶을 초과하지도, 삶이 글에 미달하지도 않는달까. 산과 물의 구조 원리가 '산은 물을 건너지 않고 물은 산을 넘지 않는다山自分水嶺'는 것이라면, 류정환의 삶은 글을 건너지 않고, 그의 글은 삶을 넘지 않는다고 해야겠다.

그에게 시가 뭐냐고 물으면 '문장'이라고 답한다. 엄청난 시론과 문장론을 설파하지 않는다. 다만 문장이 쉬어야 할 곳에는 쉼표를 찍고, 문장 끝에는 반드시 마침표를 찍는다. 글쓰는 이는 문장을 끝맺는 종결어미에 자신의 생각과 감정을 얹는데 이런 서법이 시인의 문체가 되기도 한다. 류정환이 사용하는 종결어미는 대부분 평서문이다. '—다', '—네', '—(하는)거라', '—더라', '—지', '—요', '—거야' 등의 간결한 평서문으로 문장을 종결함으로써 자신의 생각과 감정을 담백하게 드러낸다. 의문, 감탄, 명령, 청유 따위의 어미로 호들갑을 떨지 않고도 읽는 이의 마음을 흔든다.

평서문은 감정의 격랑이 지나간 이후의 문장이다. 짐작건대, 이십대 후반의 자취방에서 그랬던 것처럼 그는 결정적 '한마디(詩)'를 내놓기 전에 여전히 긴 침묵을 이어가고 있는가 보다. 그는 침묵하면서 동시에 응시한다. '봄'처럼 당연한 것도 "봄, 이라고 써놓고" 본다. 관성의 눈을 버리고 '다시' 볼 때 시는 싹이 튼다.

> 봄, 이라고 써놓고
> 본다.
>
> 글자도 나를
> 본다.
>
> 봄이다!
> 봄이 아니면
> 이걸 무어라 읽을 것인가.
>
> —「다시 봄」 중에서

그가 바라보는 대상은 종잡을 수 없이 많지만 그 시선에는 과장이 없다. 류정환은 사진에도 조예가 있다. 사람의 시각에 가장 근접했다는 이유로 그는 50㎜ 표준 렌즈를 좋아한다. 광각과 망원 렌즈에 익숙한 사람에게 50㎜ 렌즈는 감질난다. 스펙터클한 풍경을 담기에는 답답하고 멀리 있는 피사체를 당겨 찍는 재미도 없다. 그의 시는 50㎜ 표준 렌즈를 닮았다. 사람이 볼 수 있는 시각 이상의 확장과 시력 이상의 확대는 광학적 왜곡 없이는 불가능하다. 그는 세상을 새의 눈으로 조감하지 않는다. 물고기(어안렌즈)처럼 비현실적인 화각으로 풍경을 보지도 않는다. 다만 "근시라고 하나 원시라고 하나" 알 수 없는, 한 중년의 눈으로 세상을 볼 뿐이다.

정원사, 꽃들의

『말도 안 되는』에는 그의 '이동 경로'가 잘 보인다. 아침밥을 먹는 식탁을 떠나 그는 출근길 엘리베이터, 아파트 앞 공터, 봄빛 나른한 골목길을 지나서 후생사 앞 사거리, 한국병원 앞 시내버스정류장, 영운동 삼영부속구이집, 금천·영운·용정·용담동 어딘가의 해장국집, 건강검진센터 등을 떠돌다 동네 뒷산이나 무심천 물가에 다다른다. 그래봤자 청주시 상당구 일원의, 시골 소읍 크기도 안 될 것 같은 생활 반경이다. 그는 이 공간을 "말뚝을 맴도는" 염소처럼 오간다. 그 길에서 시인이 가장 자주 마주치는 대상은 꽃과 풀, 나무이다. 이 시집에는 꽃과 풀이 합쳐 26종, 나무가 9종 등장한다.(벚꽃, 목련처럼 반복해 등장한 것까지 합치면 나무가 10회, 꽃과 풀이 37회에 달한다. 농담을 반 섞어 말하자면 '글반꽃반'이다.)

시가 쓰여진 이래 수많은 시인들이 꽃을 노래해 왔다. 대개 자연을 완상하는 탐미의 꽃이거나 탈속을 꿈꾸는 이념의 꽃, 인간의 마음을 노래한 정한의 꽃이다. 류정환은 조금 엉뚱한 곳에서 피어나는 꽃에 주목한다. '우리집 베란다'나 아파트 '105동 앞' 같은 일상 공간이거나 영운동의 어느 '폐가 앞마당', 장미꽃이 떨어진 동네의 어느 '담장'처럼 후미진 곳의 꽃이다. 아니면 '바람 불고 눈 오고 흙이 꽁꽁' 언 땅이거나 '팽목항'처럼 이 시대의 아픔이 '인양'된 곳의 꽃이다.

류정환의 꽃들은 '다시 힘을 내서 질기게 살아보려고' 애쓰는 꽃이라서 보기만 해도 '코끝이 찡'하다. 게다가 그 꽃들은 제 명대로 살지 못한다. "빨갛게 상기된 얼굴에 설레는 마음 가득"한 그 '앳된 것'들은 안타깝게도 '피어서 이내 진'다. "삼백 송이가 넘는 꽃이 한자리에서 목숨을 빼앗"기기도 한다. 4월의 꽃들은 슬픔에 가득 차 있다. 그의 시집에 실린 이 압도적인 '식물성'이 결국 슬픔이라니! 슬픔은 끝내 가 닿을 수 없다. '속절없이' 앓는 수밖에. 그는 "고향마을 뒷산 깊은 골 인적 드문 창꽃 숲"으로 들어가 끙끙 앓는다. 그곳은 곰이 백일 동안 쑥과 마늘을 먹던 단군신화 속의 동굴이기도 하다. "떨리는 몸을 견디느라 어금니를 앙다" 문 끝에 "어딘가 깊은 곳에서 뜨거운 것이 북받쳐 한 줄기 눈물"을 쏟고서야 그는 겨우 기운을 차린다. 그는 자연 속에서 치유된다. 아니, 다시 태어난다.

그렇게 한 사나흘, 석 달 열흘같이 지독하게 앓다가 죽지 못하고 깨어나면 사랑도 노여움도 다 빠져나간 몸뚱어리는 새잎처럼 말갛고 머리는 홀연 백발이 되리.

—「창꽃 필 무렵」 중에서

사제, 자연의

류정환은 「세상에서 가장 귀한 책」이라는 산문에서 '인간이 정말 심혈을 기울여 읽어야 할 문장은 자연'이라며 '사람이 자연 앞에서 겸허해지고 이웃을 더 사랑하게 된다면 종이책은 이렇게 많지 않아도 될 것 같다'고 썼다. 자연을 경전으로 삼고, 사람을 요체로 보는 이의 잠언이다. 그가 꽃들을 '꽃'이라는 보통명사로 통칭하지 않고 각각의 고유명사로 부르는 까닭을 알 것 같다. 꽃은 곧 사람이다. 그래서 독자들은 그의 시에서 객관적 상관물이라는 '간유리'를 통하지 않고도 그 꽃이 누구인지 대번 알아본다.

'장미'는 곧 딸내미 또래의 "치장 안 해도 붉은 입술 열여섯 처녀애들"이며 '냉이'는 "꾀죄죄한 얼굴"로 "겨우내 움츠렸던 사람들"과 다름없다. '육탈한 망초'는 재개발로 집을 비우고 떠난 사람들이며 '벚꽃'은 세월호에서 죽은 어린 영혼들이다. '라일락'은 "봄 한철이라도 가만히 서서 / 세상을 향기롭게" 하는 '시의원'이고 '괭이밥'과 '자주괭이밥'은 다른 생각으로 같이 살아가는 우리 이웃이다. '해바라기'는 "노란 양푼에 한가득 꺼뭇꺼뭇 보리밥"으로 떠오르는 "가난하게 살다 죽은 우리 엄마"이다.

그의 시에 나오는 숱한 동식물도 마찬가지이다. '배롱나무'는 어린 손주를 기다리는 할머니(시를 읽어보면 혹, 이분이 돌아가신 건 아닐까 가슴이 철렁 내려앉는다)의 현신이다. '나비'와 '꿀벌'은 우체부이며 '낙타'는 '단내 나는 숨소리'로 "또각또각 집으로 돌아가는 발걸음들"이다. '수달'과 '장어'는 먹고 먹히는 아귀다툼 속의 현대인이다. "와자지껄 찧고 까"불던 참새는 저녁이면 "와글와글 쩝쩝" 소란한 주점의 술꾼으로 '변장'한다. '매미'는 "너나 나나"라는 동일성 위에 걸려 있는 화자의 자화상이다. 드문드문 등장하는 새들도 형이상의 하늘로 날아가지 않는다. 그들은 "지껄이"거나(참새) "침을 튀기며 삿대질을 해"대고(까치) "가을도 다 지난 무심천 물가"에서 두 발로 "연명의 흔적"을(두루미) 남긴다.

명상가, 보리밭의

류정환은 시가 세상 최고의 공부라고 우긴다. 한술 더 떠, '시만 공부하면 다른 공부는 다 필요 없다'고 단언한다. 그때마다 나는 연암이 떠오른다. 연암은 선비를 만나면 물었다. "그대는 몇 자字를 아시는고?" 선비들은 한 글자를 안다는 게 무엇인지 잘 아는지라 묵묵부답이었단다. 나는 류정환의 시 공부가 그런 격물格物이겠거니 짐작하고는 토를 달아 보려다가, 겁이 나서 그만둔다.

그는 '세계와 나'에 관해서 끝없이 묻는다. 「연鳶을 날리며」를 시집의 맨 앞에 둔 것은 시사적이다. 「그늘에 대하여」나 「농담 반」 같은 시들도 같은 고민의 흔적이다.

「연鳶을 날리며」는 "저 아득히 높은 곳에서 / 나를 끌어당기는 이"와 "발은 한사코 땅에 붙어 / 움직이지 않는 나" 사이의 역학 관계를 그린다. '끌어당기는 이', '아득히 높은', '당김', '?'가 부력浮力을 맡고, '나', '땅에 붙어', '팽팽한 긴장', '!'가 인력引力을 맡는다. 수직으로 '팽팽하게' 대치하는 힘의 균형을 보여줄 뿐, 화자는 가타부타 말이 없다. 다만 독자는 "누구일까?"와 "누구일까!"라는 미묘한 차이를 통해 '나'의 의지를 희미하게 유추할 뿐이다.

「그늘에 대하여」는 무척 깊고 무섭다.(그늘그늘 웃다니!) 깊음과 무서움은 잠시 접고 뼈대만 보자. 그늘은 말 그대로 '어두운 부분'이다. 이 시에서는 '가난'으로 바꿔 말해도 좋겠다. 화자는 "그늘은 나의 운명"이라고 선언한 뒤 시행의 대부분을 그 운명을 증명하는 데 쓴다. 빈농인 할아버지와 아버지를 이어 도시 빈민이 된 화자에게 "그늘을 파는 일은 삼 대째 가업"이다. 화자는 '그늘은 스스로 넓어지는 세계가 아니'라는 것을 알아버렸다. 그늘은 내 의지가 아니라 외력에 의해 움직인다. 화자는 "되잖은 희로애락이 다 그늘 안의 일"이라는 결론에 도달한다. 그늘의 작동 원리와 그에 대한 비극적 인식을 드러내면서도 그 이상을 보여주지는 않는다.

「농담 반」은 '벚꽃'과 '눈송이', '젊음'과 '늙음', '봄'과 '겨울', '아이들'과 '꽃잎'을 대비시키며 '농담 반 진담 반'이라는 절반의, 혹은 환유의 세계를 답사한다. 농담(상상)은 실없는 소리만은 아니다. 진담(현실)이라고 다 옳은 것도 아니다. 정색하고 말하기엔 왠지 쑥스러울 때, 농담은 귀하다. 그간 심각했으니 이제 좀 웃어보자는 건가. 반은 그렇다고 봐야겠다. 화자가 이 시에서 취하는 자세는 매우 온당하고 중립적이다.

이처럼 류정환의 시는 길항 관계의 구조를 허물어 굳이 승부를 보려 하지 않는다. 작으나마 희망의 불씨나 의지의 초석을 숨겨두는 짓도 하지 않는다. 이번에도 그는 평자들이 원하는 대답을 내놓는 데는 실패한 것 같다. 물론 그 실패는 의도적이었을 것이다.

류정환은 '자서自序'에 "보리밭에서 바람이 노니는 걸 본 적이 있다. (…) 그 보리밭에서 놀던 것이 바람인지, 보리인지, 다만 햇빛의 눈속임인지 나는 아직 모르겠다"고 썼는데 '모르겠다'가 아니라 '모르기로 했다'가 더 정확할 것 같다. '햇빛의 눈속임'은 곧 '마음'일 터. 일찍이 약관의 신경림도 "바람도 달빛도 아닌 것 / 갈대는 저를 흔드는 것이 제 조용한 울음인 것"(「갈대」)을 알아챘는데 류정환이 그걸 모를까. 그는 '마음은 상상과 현실을 구분하지 못한다'는 사실을 간파할 뿐이다. 그래서 그는 유심론이라는 '축지법'을 써서 훌쩍 달관에 이르는 시를 쓰지 않는다. 그는 '햇빛의 눈속임'에 귀의하지 않고 '바람'과 '보리' 사이에서 흔들리는 쪽을 택한다. 그에겐 다시, 현실이 경전이 된다. 코스모스가 마치 글월을 읽는 학동들처럼 흔들리는 걸 보고 쓴 시를 보자.

흔들림이 큰 공부인 줄은 안다마는

그래도 제발, 그게 가장 쉬웠다는 말은 하지 마라.

오십 년을 흔들리고도 철 안 드는 사람도 있으니까.

―「코스모스」 중에서

류정환에게 오랫동안 '밥'은 "지겹고도 고마운"(「밥상에 물어보다」) 것이었다. 이번 시집에서 그의 '밥'이 누군가의 뜨끈한 '해장국'으로 바뀐 것이 좋았다. 특히 "식어가는 피를 덥히려고 / 뜨거운 핏덩어리를 겨우 떠 넣는 시간"은 대체 어떤 시간일까 생각했다.(참고로 음식은 28종이 나온다. 세지 마시길 바란다.) 자기에게 주어진 생존 조건을 그는 지겹지만 고맙게 받아들였다.

'지겨움'과 '고마움'이 자기 내부로 향한 시선의 각도라면 '위태로움'과 '따뜻함'(「위태롭고 따뜻하고」)은 그가 바깥 세계를 바라보는 시선의 각도이다. '위태롭고'부터 '따뜻하고'까지가 지금 그가 가진 시의 진폭이다. 그 사이를 그는 흔들리며 걸어 왔고, 걸어가려 한다. 아래의 시는 그것이 그의 길이고 그의 답이라고 말하는 듯하다.

자동차들이 경주마같이 앞 다퉈 몰려가는 길에 노인 하나가 스쿠터를 타고 둥실둥실 떠가는 거라. 허름한 점퍼를 입고 비슷한 점퍼를 입은 노파를 뒤에 태우고 휘청휘청 앞서 가는 거라. (…) 붉은 신호등은 때때로 길을 막고 홀몸도 위태로운 처지로 할멈까지 실은 행색을 노려보지만, 여기까지 온 길이 그러했듯이 누가 뭐래도 끝내 내가 너를 데리고 가마, 이를 악물고 약속을 지키겠다는 듯 길이 열릴 때마다 기우뚱 떠나가는 일엽편주가 참 흐뭇해서 몸이 더워오는 거라.

—「위태롭고 따뜻하고」중에서

감별사, 온도의

류정환은 '온도'를 감지한다. 그는 '위태로운' 광경을 보다가 끝내 '몸이 더워 오는' 이유를 꼼꼼히 살핀다. 류정환 시에 등장하는 사람들의 체온이 유독 높은 것이 아니다. 그들은 어떤 '증상'을 가질 뿐이다. 그들은 가구점 주인, 포장마차 주인 같은 자영업자들이거나 트럭 운전수, 자동차 정비 기사 같은 노동자, 그리고 동남아시아에서 이주한 신부新婦나 동네 어르신 같은 사람들이다.(그의 시집에서 최고위직은 '시의원'이다. 그마저도 실제 의원은 아니다.) 그들은 자신의 체온을 덜어 세상을 데운다. 이것이 그들이 갖는 '온도'의 정체이며 '증상'이다.

"사람이 해야 할 단 하나의 일"로 류정환이 꼽은 것은 '궁금해하기'와 '불러주기'이다. 서로의 안부가 궁금해 '몸살'이 나는 일과 "온 마음을 다해 누군가를 불러주는" 일. 류정환 시에 '세 들어 사는' 사람들이 공통적으로 가진 이 증상, 즉 '궁금해하기'와 '불러주기'는 세상을 '위태로움'에서 건져 올려 '따뜻함'으로 옮겨 놓는 힘이다. 이는 편지, 소포, 답장, 안부, 마중, 문상 등의 어휘로 다양하게 변주된다. 몇 편만 보자.

글을 쓰던 처녀가 굶어 죽었다는
마을 쪽 일이 그새 궁금하여
겨울 아침 잔설에 서성서성 발은 시린데
—「먼 길-만우 스님께」 중에서

얼음이 풀린다는 우수雨水 무렵이면
우리 집 매화나무는 몸살을 앓는 거라.
꽃이 어디쯤 오시나, 문을 열고 나가보고 싶어서
어깨며 겨드랑이에 온통 붉은 반점이 돋고
—「꽃마중」 중에서

그런 손주와 영상통화를 하는 노인들은
작은 화면 속으로 빨려 들어갈 듯하다.
다연아—
다연아—
온 마음을 다해 누군가를 불러주는 것,
그것이 사람이 해야 할 단 하나의 일이라는 듯
첫눈이 잠깐 탐스럽던 그날 아침.
—「첫눈」 중에서

시인, 밭 가는

그는 시상이 떠오르는 걸 '그분이 오셨다'고 표현한다. 역시 그는 언어의 자객이다.(술을 마실 때면 정말 자객처럼 윗옷 속 주머니에서 '단검 대신' 하얀 종이를 꺼내 그분이 오신 날 쓴 시를 읽어준다.)

하지만 그가 자객이 될 수는 없다. 자객의 영지에는 동사 몇 개(먹다, 죽이다, 죽다)밖에는 살 수 없으니 말이다. '박박 긁고 탈탈 털어 담은 것이 되가웃'일지언정 동사와, 형용사, 부사, 구두점 일속을 챙겨 서정의 묵정밭을 일궈야 하는 시인의 삶이 그의 운명이다. 「장수 황씨전」이나 「사자빈신사지」, 「은행나무의 초상」처럼 류정환 특유의 고격古格이 살아있는 시와 「후일담」, 「뼈해장국」처럼 구성진 입담과 함께 세상에 대한 시인의 따스한 진맥이 느껴지는 아름다운 산문시들이 더 많이 태어났으면 좋겠다.

  모쪼록 류정환에게 앞으로 더 자주 '그분'이 오시기를, 오셔서 흔들리기를, 흔들려서 세상이 아름답기를, 아니 따뜻하기를 바란다.

정오표
(64쪽 마지막 줄~65쪽 첫째 줄)

오(誤)	정(正)
밤이 늦웃고 떠드는	밤이 늦도록 또 웃고 떠드는

말도 안 되는

2020년 5월 1일 초판 1쇄 발행
2020년 6월 1일 초판 2쇄 발행

지은이　류정환
펴낸이　유정환
펴낸곳　도서출판 고두미
　　　　등록 2001년 5월 22일(제2001-000011호)
　　　　충북 청주시 상당구 꽃산서로8번길 90
　　　　Tel. 043-257-2224 / Fax. 070-7016-0823
　　　　E-mail. godumi@naver.com

ⓒ류정환, 2020
ISBN 979-11-86060-91-9 03810

이 도서의 국립중앙도서관 출판예정도서목록(CIP)은 서지정보유통지원시스템 홈페이지(http://seoji.nl.go.kr)와 국가자료공동목록시스템(http://www.nl.go.kr/kolisnet)에서 이용하실 수 있습니다.(CIP제어번호: CIP2020016984)

※ 책값은 뒤표지에 표시하였습니다.
※ 잘못 된 책은 구입한 곳에서 바꾸어 드립니다.